画给孩子的中国地理①

洋洋兔 编绘

U0358435

全国百佳图书出版单位

化学工业出版社

·北京·

内容简介

　　《画给孩子的中国地理》是一套专门为孩子绘制的中国地理人文百科知识绘本。套书通过43幅权威的手绘地图，精准地展示了我国23个省、5个自治区、4个直辖市和2个特别行政区的地理概况，介绍了当地的地质地貌、山川河流、自然风光、动植物、景观建筑、名人典故、历史文化、特色美食等。同时，用唯美细腻的全场景手绘方式展示了34个省级行政单位的典型景观以及相关的人文知识。

　　这套书中的地理人文知识点对应了中小学语文、地理、历史等学科教材中的内容，能帮助孩子形成宏观的地理地图思维能力，让孩子不仅能足不出户就游遍辽阔壮美的中国，而且能成为一个眼中有美景、胸中有山河的丰富而有趣的人！

图书在版编目（CIP）数据

画给孩子的中国地理：全3册/洋洋兔编绘. —北京：
化学工业出版社，2021.12
　ISBN 978-7-122-39935-9

　Ⅰ.①画…　Ⅱ.①洋…　Ⅲ.①地理-中国-儿童读物
Ⅳ.①K92-49

中国版本图书馆CIP数据核字（2021）第196779号

审图号：GS（2021）4519号

责任编辑：李彦芳　谢婕妤　崔俊芳　　　　　　　　　装帧设计：尹琳琳
责任校对：王佳伟

出版发行：化学工业出版社（北京市东城区青年湖南街13号 邮政编码100011）
印　　装：北京宝隆世纪印刷有限公司
889mm×1194 mm　1/12　印张15　字数300千字　2022年2月北京第1版第1次印刷

购书咨询：010-64518888　　　　　　　　　　　　　售后服务：010-64518899
网　　址：http://www.cip.com.cn
凡购买本书，如有缺损质量问题，本社销售中心负责调换。

定　　价：188.00元（全3册）

音频更精彩

游遍中国，爱上中国！

亲爱的小读者，你知道你脚下的这片土地有多美吗？你知道父母的故乡有多美吗？你知道中国有多美吗？为什么从古到今有那么多人去守护我们的家园，去思念我们的故乡，去赞美我们的中国？

让我们跟着《画给孩子的中国地理》一起去游遍壮美中国吧！

这是一套专门为孩子绘制的中国地理人文百科知识绘本。套书通过 43 幅权威的手绘地图精准地展示了我国 23 个省、5 个自治区、4 个直辖市和 2 个特别行政区的地理概况，介绍了当地的地质地貌、山川河流、自然风光、动植物、景观建筑、名人典故、历史文化、特色美食等。同时，用唯美细腻的全场景手绘方式展示了 34 个省级行政单位的典型景观以及相关的人文知识。

这套书中的地理人文知识点与中小学课本中的知识点对照性很强，让孩子在游览中国的同时，也能轻松获得学科知识。如"典故"中讲述了很多成语或战役发生的地理位置，让孩子的知识更加立体化；"诗歌"中选取的一些古诗是中小学必背篇目，让孩子知道诗人在什么地方写下了千古佳作；"人物"中的角色会常常出现在孩子的名著阅读、历史课堂中……这些栏目的知识点对应了语文、地理、历史等学科教材的内容，让孩子为"读万卷书，行万里路"做好知识储备。

书中设置了 8 大地理主题：大山大河、气温差异、珍稀动物、民居艺术、交通工具、少数民族、非物质文化遗产、博物馆。这些主题能引导孩子认识中国地域的辽阔壮美，帮助孩子获得宏观的地理地图思维能力。

这套书通过唯美细腻的手绘画面与丰富有趣的知识点呈现了中国 34 个省级行政区各具特色的美，让孩子不仅能足不出户就爱上可爱的中国，而且能成为一个眼中有美景、胸中有山河的丰富而有趣的人！

中国这么大，一起去看看！

目录

新疆维吾尔自治区

甘
肃

青海省

西藏自治区

四

云南省

图　例

★**北京**	首都	○	世界遗产
◎**天津**	省级行政中心	∿∿∿	长城
·**大同**	地级市行政中心	⌣	常年河
——	自治州行政中心 地区、盟行政公署驻地	- - -	时令河
◦五常	县级行政中心	▬	湖泊
·香山	其他		

中国这么大，一起去看看！

拥有960多万平方千米土地的中国，北有雪岭，南有椰林，西有荒漠，东有渔村，每一寸土地，都在尽情地书写自己的色彩和个性。

灿烂熊和阿朵朵这次将要开启的，便是环游中国的旅程。34个省级行政单位，56个民族的风土人情，数百处名胜古迹，还有数不尽的典故传说、特色美食……想和他们一起体验吗？现在就背起行囊，一起出发吧！

等等我，阿朵朵！我的包里装的零食太多了，好沉啊！

灿烂熊
3岁，一头爱吃零食的北极熊

灿烂熊，快一点！我们的火车要出发了！

阿朵朵
8岁，阳光小学三年级学生

京巴犬
又称宫廷狮子狗，是中国古老的犬种

旗袍　　**长袍马褂**

天安门

国槐
北京市树

京剧
中国国粹

北京大学
中国近代第一所国立大学，建于1898年

北京市

简称：京

这里是有着3000多年历史的古都，更是新中国的首都。长城、故宫、颐和园、天坛、天安门、鸟巢、水立方……都是这座城市的标志。

老北京小吃

焦圈儿

豆汁

糖葫芦

央视大楼

白河堡水库

白　河

密云水库

潮　河

延庆区

官厅水库

八达岭长城

怀柔水库

密云区

明成祖朱棣

"北京"这个名字就是我取的哦！

明朝第三位皇帝，从南京迁都到北京

居庸关·

明十三陵
明朝十三位皇帝的陵墓

怀柔区

潮　白　河

月季
北京市花

平谷大桃

昌平区

·香山

·平谷区

温　榆　河

顺义区·

东灵山
▲2303米

永　定　河

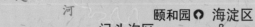

潭柘寺·
比北京还古老的寺院

颐和园 海淀区

门头沟区

故宫 东城区

西城区 ★

北京⊙ 天坛

石景山区 朝阳区

卢沟桥·

大运河

京杭运河

通州区

国家体育场
俗称"鸟巢"，全部用钢结构搭建

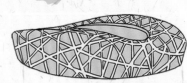

音频更精彩

丰台区

房山区·

大兴区

吹糖人
用麦秸秆粘上熬煮的糖稀，吹出各种糖人

周口店北京人遗址
距今约70万年的猿人

卢沟桥

卢沟桥上的石狮子

四合院
北京的一种传统建筑

清华大学
建于1911年

最高峰：东灵山。
最大的人工湖：密云水库。
主要河流：永定河、潮白河等。
气候：暖温带半湿润大陆性季风气候，夏季炎热多雨，冬季寒冷干燥，春、秋短促，四季分明。

历史

北京在春秋战国时期曾是蓟国、燕国的国都，辽代成为陪都南京。金、元、明、清时期，首都均设在北京。明代奠定了北京城的规划和格局。1949年，北京成为中华人民共和国的首都。

战役

北京保卫战

1449年，明英宗被北方的瓦剌俘虏，瓦剌首领也先率大军攻打北京。兵部尚书于谦率领北京军民，保卫京师，打退了瓦剌，使明王朝转危为安。

诗歌

登幽州台歌

[唐]陈子昂

前不见古人，后不见来者。
念天地之悠悠，独怆然而涕下！

幽州台：
又称蓟北楼，战国时期燕昭王为招纳天下贤士而建。

典故

过河拆桥

元朝时，元顺帝下令废除科举考试。宣读诏书时，靠科举当上官的许有壬跪在最前面，其他大臣便嘲笑他像废除科举的领头人，就像一个人过了河就把桥拆掉一样。

两袖清风

明英宗年少时，宦官王振专揽朝政大权，外省官员进京都要向他献礼。巡抚于谦刚正不阿，从外地回到京城，甩了甩两只袖子说："我只带了两袖清风！"

景点

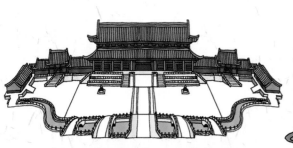

故宫

中国明清两代的皇家宫殿，旧称紫禁城，现为故宫博物院。

天坛

明、清两代帝王祭祀皇天、祈求五谷丰登的场所。

人物

顺治帝

清朝第三位皇帝，清军入山海关后的第一位皇帝，定都北京。

忽必烈

元朝开国皇帝，1272年定都大都（今北京）。

扫一扫加入"北京皇帝群"啦！

美食

驴打滚表面裹着豆粉，真像毛驴在土里打了个滚儿一样！

涮羊肉

流行于北京及周边地区的传统火锅，食材以羊肉为主，因此得名。

北京烤鸭

用料为优质肉食鸭中的北京鸭，色泽红艳，肥而不腻。

炸酱面

流行于北方的特色面食，用菜码、炸酱拌面条而成。

驴打滚

一种用江米做皮、红豆做馅的传统小吃。

万里长城——古代军工之奇迹

长城，是很长很长的城墙，是老祖先保家卫国、对抗外敌最重要的军事工程，也是华夏文明的标志之一。"**不到长城非好汉**"，去首都北京游玩，一定不能错过的就是长城了。

长城是世界上修筑时间最长、工程量最大的古代防御工程，**总长超过2.1万千米**，像一条蜿蜒的巨龙盘桓在崇山峻岭间，贯穿了我国15个省区市。其中北京段的长城是明长城中最具代表性的一段，包括**八达岭长城、居庸关长城**等。

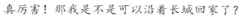

长城全长21196.184千米，可以沿着地球表面连接起南极和北极。

真厉害！那我是不是可以沿着长城回家了？

秦始皇

秦朝夯土长城

长城的历史可以追溯到**西周时期**，那时的边防要塞还没有用围墙相连，主要靠各个山顶的**烽火台**发出的信号来通知敌情，这就是长城的前身。到了春秋战国时期，列国争霸，互相防守，长城修筑进入第一个高潮期，但此时修筑的长度都比较短。秦灭六国统一天下后，秦始皇大兴土木，修缮战国长城，才有了"**万里长城**"。

此后，多个朝代都曾修筑长城，并遵循着"**因地形，据险制塞**"的原则，因地制宜，就地取材。明朝是最后一个大修长城的朝代，今天我们看到的保存得比较完整的长城，大多是明代的砖石长城。

土长城　　石头长城　　砖石长城　　沙漠长城

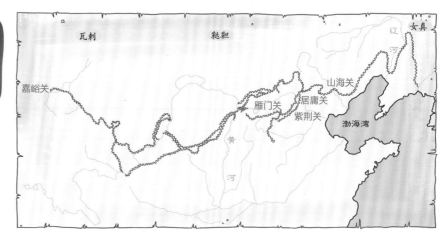

明长城示意图

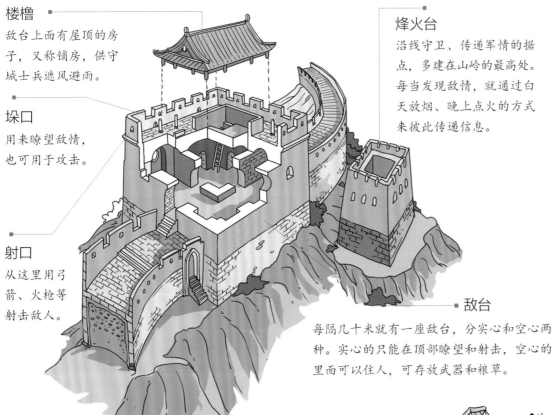

楼橹
敌台上面有屋顶的房子，又称铺房，供守城士兵遮风避雨。

垛口
用来瞭望敌情，也可用于攻击。

射口
从这里用弓箭、火枪等射击敌人。

烽火台
沿线守卫、传递军情的据点，多建在山岭的最高处。每当发现敌情，就通过白天放烟、晚上点火的方式来彼此传递信息。

敌台
每隔几十米就有一座敌台，分实心和空心两种。实心的只能在顶部瞭望和射击，空心的里面可以住人，可存放武器和粮草。

在崇山峻岭间修建长城，难度极高，将沉重的石料运上山，再进行铺设和黏合，需要耗费大量人力和物资。因此，前后历经2000余年，由无数人的汗和血修筑而成的长城，被视为世界建筑史上的一大奇迹，是人类文化的瑰宝。

别看长城那么长，可它并非杂乱无章，而是很有规律的呢！长城主体由城墙、关隘、敌台、烽火台等多种防御工事组成，这样严密的工程体系是由各级军事指挥系统层层指挥控制的，力求达到最佳的防御效果。

古往今来，长城成就了多少风云故事，记载了多少血雨腥风，昔日的战场成了如今的旅游胜地。在风和日丽时，游人登上长城，望着长城内外的旷远风景，会萌发浓浓的怀古幽情。

●烽火台也叫"烽燧"，白天燃烟叫"烽"，夜间点火叫"燧"。烽火又叫"烽烟"。如果燃料中加了狼粪，燃烧时就会有浓烟，称为"狼烟"。

烽火戏诸侯

烽火戏诸侯

西周时，周幽王为博宠妃褒姒一笑，点燃了烽火台上的烽火。诸侯看到烽火，纷纷赶来救驾，结果发现是一场玩笑。褒姒看到诸侯狼狈的样子，"扑哧"一声笑了出来，周幽王大喜。可是，后来真有外敌来犯时，周幽王再次点燃烽火，诸侯们一个都不来了。

周幽王的故事，就是"狼来了"呀！

没错，所以说君无戏言，守信很重要！

黄崖关

解放桥

泥人张彩塑

天津艺人张明山创
造的彩绘泥塑艺术

蓟州区。 于桥水库

天津板栗

铁片大鼓

一种演唱时敲击铁
片而得名的曲种

音频更精彩

望海楼天主教堂

小白楼

小白楼一带曾为美国租界

天津市

⚐ 简称：津

　　海河之畔，渤海之滨，坐落
着一座中西合璧的城市。这里有
西方特色建筑，也有中国传统古
建筑。东方与西方，古典与现代，
在这里相异却也融合。

宝坻区。

砖刻

天津快板

相声

天津古文化街

杨柳青年画

源于明末清初，
与苏州桃花坞年
画齐名

武清区。

大运河

宁河区

天津之眼

天津永乐桥摩天轮，是
世界上唯一建在桥上的
摩天轮

北辰区

红桥区

西青区

杨柳青· 南开区 河北区

石家大院 和平区 河东区

天津

河西区 东丽区

渤

我就是喜欢
行侠仗义的
天津人！

霍元甲

清末著名爱国
武术家

津南区。

滨海新区

·天津港 北方最大的
综合性港口

·大沽口炮台

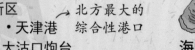

海蛎子

静海区

天津极地
海洋世界

皮皮虾

·长芦盐场
我国海盐产量
最大的盐场

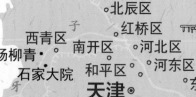

贝壳堤

鳎目鱼

海

湾

最大的人工湖：北大港水库。
主要河流：海河、子牙河等。
气候：暖温带半湿润大陆性季风
气候，四季分明，春季多风少雨，
夏季高温多雨，季风显著。

北大港水库

龙嘴大铜壶

用来冲"茶汤"的器皿，
也是民族工艺品

大港油田

港口货轮

历史

隋朝修建京杭大运河后，天津因漕运而兴起。金时称直沽寨，元朝为海津镇。明永乐年间正式筑城，置天津卫。清代咸丰十年（1860年）被辟为通商口岸。1949年，天津市成为直辖市，后曾改为河北省辖市，1967年恢复为直辖市。

战役

万历朝鲜战争

明朝万历年间，日本丰臣秀吉攻打朝鲜，明朝政府出兵支援朝鲜，将天津作为抗击倭寇的重要军事要塞。天津提供的粮草占全部运输总数的三分之一。

诗歌

津门官舍话旧

[清] 邵长蘅

对床通夕话，官舍一镫红。
十年存没泪，并入雨声中。

津门：天津市的别称。这首诗抒发了诗人放弃仕途，回归乡野后，内心的苍凉之感。

天津海昌极地海洋世界

目前中国国内最大的单体极地海洋馆，其外观造型酷似鲸鱼。

典故

天子渡津

1399年，燕王朱棣率军南下，从天津三岔口（位于今天津市市区西北）渡河袭取沧州，最终攻入首都南京。朱棣登基后，将三岔河口赐名为"天津"，意为"天子曾在此渡河"，"津"是渡口的意思。

景点

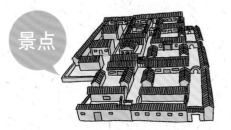

石家大院

始建于1875年，原为清末天津八大家之一石元士的住宅，现在是杨柳青博物馆。

黄崖关

长城上的关隘，始建于556年。

人物

赵普

五代至北宋初年著名政治家，北宋开国功臣。

刻砖刘

原名刘凤鸣，天津民间刻砖艺人。

风筝魏

原名魏元泰，以制作风筝而闻名。

美食

"狗不理"是狗都不理的意思吗？

不是的，据说这家店的创始人，小名叫狗子，他生意好到没时间和客人说话，人们戏称他"狗子卖包子，不理人"，久而久之，就成了"狗不理"。

狗不理包子

著名小吃，始创于清朝咸丰年间。

十八街麻花

麻花中间有一条用青梅、桂花等配料做成的酥条。

耳朵眼炸糕

用糯米做皮、红豆做馅的油炸小吃。

煎饼馃子

由薄饼、鸡蛋和馃(guǒ)子（油条）或薄脆的"馃篦(bì)儿"组成。

大沽口炮台 —— 近代中国北方的海防屏障

南有虎门，北有大沽，位于天津海河入海口处的大沽口炮台，是中国明清年间极为重要的两座海防屏障之一。大沽口炮台的设立，打开了中国近代海防的篇章。

大沽口炮台最初修建于明朝嘉靖年间，由早年曾驻防天津卫的戚继光督造。其实早在明朝初年，从永乐皇帝朱棣迁都北京开始，朝廷就意识到大沽口战略位置的重要性了。因为这里是从海上进京的唯一门户，一旦失守，首都将毫无遮拦地暴露在外敌眼前。因此，在嘉靖年间，大沽口就开始构筑堡垒、驻军设防了。

在大门上加了锁，才能放心啊！

1816年，清政府在大沽口南北两岸各建了一座圆形炮台，这是大沽口最早的炮台。1841年，清政府对大沽口炮台进行了修建和维护，后又在1858年继续扩充，南岸增设三座炮台，北岸增设两座炮台，并分别以"威、镇、海、门、高"五字为名号。至此，大沽口炮台共有大型炮台6座，小型炮台25座，大小炮共64尊。

1858年，英法联军用6艘炮艇作为掩护，向大沽口炮台发起进攻。清军发炮反击，杀伤近百名联军士兵，然而当时的直隶总督却弃守逃跑，致使炮台孤立无援，南北炮台陆续被联军攻占。这就是第一次大沽口之战。

从1858年到1900年，外国列强为了夺取在中国的经济利益和政治特权，先后对大沽口炮台发动了4次入侵。他们依靠坚船利炮，攻陷炮台，直逼北京，一路烧杀抢掠，把"东方艺术宫殿"圆明园付之一炬，迫使清朝统治者两次离京出逃。

在近代史上，中国军队因为政府腐败，武器粗陋，和列强交手很少获胜。但在1859年第二次大沽口之战中，清军在蒙古亲王僧格林沁的指挥下，经过一昼夜的激战，获得了胜利，而且清军伤亡也是历次战争较少的。

僧格林沁

签订《辛丑条约》

条约第八条，废去大沽口及直隶各处炮台！

1901年，清政府与八国联军签订了《辛丑条约》，根据条约规定，清政府拆除了大沽口炮台，最后只在南岸与北岸各留下一座炮台，但两座炮台距离海岸线都很远，已经没有实际防御的功能。

如今，在大沽口炮台原址上兴建了大沽口炮台遗址博物馆，作为中华民族抗击外来侵略、不畏强暴的历史见证。

孩儿枕
宋代，河北定窑烧制的瓷枕头，为九大镇国之宝之一

河北省

简称：冀

省会：石家庄

"燕赵多慷慨悲壮之士"，"燕赵"说的大致就是今天的河北省。这里自古以来便是战事频发之地，山海关、避暑山庄、赵州桥、铜雀台……这些名胜古迹都汇集在这里。

刘备
河北涿州人，三国时蜀汉的建立者

我是地地道道的河北人！

褐马鸡长得真可爱！

不要小看它，它的性格可是骁勇好斗。

没错，古代帝王会用它的尾羽装饰武将头盔，以此激励将士。

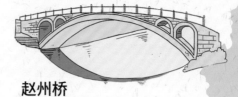

赵州桥
世界现存最古老的石拱桥，由隋朝匠师李春建造

坝上草原
离北京最近的天然草原，被称为"京北第一草原"

原来河北有这么多长城啊！

河北境内的长城近2000千米长。河北是长城经过的最长的省份呢！

音频更精彩

长尾雉鸡

承德避暑山庄及其周围寺庙
⚲ 承德

luán
滦

河

板栗
河北板栗产量居全国第一

张家口

⚲ 清东陵

山海关

秦皇岛·

桑干河

官厅水库

▲小五台山
2882米

世界地质公园

野三坡·

zhuō
涿州

· 燕郊
燕郊隶属廊坊市

· 唐山 **铁矿**
唐山铁矿产量占全国一半以上

· 北戴河
著名的避暑疗养胜地

渤海湾

⚲ 清西陵

廊坊

旅游胜地，"淀"为浅湖泊

褐马鸡
我国特有的鸟类，不善飞行，善于奔跑

保定
·

白洋淀

子牙河

渤海湾

梭子蟹

皮皮虾

柿子

hū
滹 正定
·

京杭大运河

· 沧州 **金丝小枣**

· 大运河

石家庄

fǔ
滏阳河

·赵州桥

·衡水

·吴桥

对虾

棉花
河北是产棉大省

邢台·

漳河

京杭运河

吴桥杂技
吴桥被称为"杂技之乡"

铜雀台·邯郸
yè

·邺城遗址
战国时赵国都城

煤矿
河北是我国重要的煤炭基地之一

最高峰：小五台山。
最大的湖泊：白洋淀。
主要河流：京杭运河、子牙河、滦河等。
气候：暖温带半湿润大陆性季风气候，冬季寒冷干燥，夏季炎热多雨，四季分明。

景点

山海关
明长城最东端的关隘，有"天下第一关"之称。

铜雀台
三国时，曹操击败北方的袁绍后，营建邺都，修建了三座高台，铜雀台是其中之一。

历史

河北古称冀州。春秋时期，河北北部属于燕国，南部属于中山国、赵国和魏国，邯郸、邢台都曾是赵国都城。五代后晋时期，燕云十六州被割让给辽国，其中包含河北北部的大部分区域。元代，河北省成为中央直属的中书省。1928年改名为河北省。

人物

张飞
今涿州人，勇武过人，和关羽并称"万人敌"。

赵云
今正定人，被后人称为常胜将军。

嘿嘿，张飞和关羽都是我的结拜兄弟！

诗歌

观沧海

[东汉] 曹操

东临碣石，以观沧海。

水何澹澹，山岛竦峙。

树木丛生，百草丰茂。

秋风萧瑟，洪波涌起。

日月之行，若出其中；

星汉灿烂，若出其里。

幸甚至哉，歌以咏志。

碣石：碣石山（位于秦皇岛市）。207年，曹操征乌桓得胜回师，经过此地，写下了这首诗。

战役

巨鹿之战
秦末，项羽率起义军北上，在巨鹿（今邢台市平乡县）仅以几万人对抗40多万秦军，破釜沉舟，最终大获全胜。

典故

胡服骑射
战国时，赵武灵王大胆改革，舍弃传统的宽衣长袖，学胡人穿短衣，骑马射箭，提升军事实力，使赵国一度强盛。

邯郸学步
战国时，有个燕国人，听说赵国邯郸人走路姿势优美，千里迢迢跑来学习。结果不但没学会，还忘记了自己原来的走路姿势。后人用"邯郸学步"比喻一味模仿别人，不仅没学到本事，还把自己原来的本事忘了。

美食

山药鱼
用土豆和莜面做成的美食，形状像鱼。

棋子烧饼
如同象棋般大小的烧饼。

扒糕
用荞面制成的夏季风味美食。

驴肉火烧
起源于保定、河间一带的传统小吃。

承德避暑山庄——天下之缩影

在炎热的夏季，人们都喜欢去凉爽的地方消夏。如果你的选项里有**承德避暑山庄**，那你就和**清朝皇帝**想到一起啦！

承德避暑山庄又称"**热河行宫**"，占地564万平方米，周围修建的12座寺庙群，融合了汉、藏等民族文化，是**中国现存占地面积最大的古代帝王宫苑**。避暑山庄始建于1703年，前后历经清康熙、雍正、乾隆三朝，共修建了89年。

据说康熙和乾隆经常来这里避暑、办公，这里相当于第二个朝廷了。

北京夏天热死了，这里多凉快！

要说凉快，请来北极！

木兰秋狝

在没有空调的清朝，承德避暑山庄是皇帝避暑和处理政事的好去处。关于它的修建，要从木兰围场说起。

清朝时，北部有一个强敌—— 沙俄，**为了防御沙俄**，康熙帝就在距北京350千米的内蒙古草原，**修建了木兰围场**。

每到秋天，康熙帝就会带领王公大臣、八旗精兵去那里**狩猎**，史称"**木兰秋狝（xiǎn）**"，狝是秋天打猎的意思。

木兰秋狝是娱乐活动，但其实**相当于军队拉练**，是重要的军事活动。为了解决这些人的吃住问题，康熙帝在北京至木兰围场之间，相继修建了21座行宫，热河行宫就是其中之一。

既方便军队拉练，又加强了对蒙古地方的管理，还能巩固北部边防，一举三得！

康熙

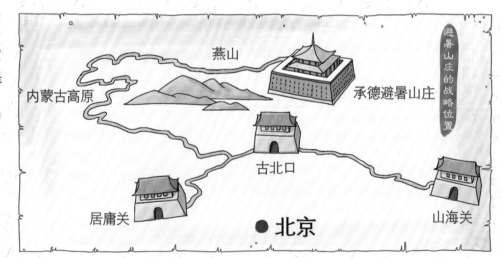

避暑山庄的战略位置

燕山

承德避暑山庄

内蒙古高原

古北口

居庸关

●北京

山海关

◆ 避暑山庄整体地势西北高、东南低，酷似中国版图。

避暑山庄**作为皇帝的临时宫殿**，皇帝经常在这里召见少数民族的王公贵族、宗教首领和外国使节。此外，中国四大皇家藏书名阁之一的**文津阁**也在这里。

文园狮子林

避暑山庄还网罗了全国各地的名胜古迹，北京故宫、西藏布达拉宫、嘉兴烟雨楼、苏州狮子林……置身庄内，就能将祖国风光尽收眼底，正可谓**"移天缩地在君怀"**。

> 原来，清朝皇帝喜欢收集天下美景？

> 哈哈，没办法，每天忙于政务，没时间去旅游啊！

外八庙

避暑山庄东南多水，西北多山，是中国自然地貌的缩影。整个山庄取自然山水之本色，吸收江南塞北之风光。山庄**里面朴素淡雅，外面的庙宇金碧辉煌**，这也是清朝皇帝为了体现对少数民族的重视，让他们更加拥戴清王朝。

> 哇，皇帝就是高明啊！

> 这是谋略啦！谋略！

1860年，英法联军进攻北京，咸丰皇帝逃到避暑山庄避难。第二年，**咸丰皇帝病逝**，慈禧太后在这里发动了政变，回北京后开启了近半个世纪的"垂帘听政"。

嘉兴烟雨楼

永佑寺舍利塔

石头饼
把面饼放在热石子上烙成

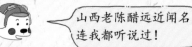
山西老陈醋远近闻名，连我都听说过！

山西人不仅会酿醋，也爱吃醋，这里每人平均每年要吃十几斤醋呢！

山西省

🚩 简称：晋
🏢 省会：太原

说起山西，首先就会想到煤炭，储量居全国首位。山西有很多名胜古迹，云冈石窟、五台山、悬空寺、平遥古城……山西有黄河流过，境内还有许多大山，有"表里山河"的美称。

山西老陈醋
山西特产，是中国四大名醋之一

晋剧

☰ 云冈石窟
大同

大同黄花

应县木塔
朔州
恒山
"五岳"中的北岳

雁门关
长城上的重要关隘，以"险"著称

▲ 北台叶斗峰
3061.1米

五台山
佛教名山

忻州

恒山悬空寺
一座"悬挂"在峭壁上的寺庙，已有1500多年历史

黄 河

黄河鲤鱼

● **太原**
古称晋阳，有4700多年历史

汾

晋中

阳泉

煤炭
山西煤炭储量丰富，有"中国煤海"之称

武则天
唐朝的女皇帝，也是中国历史上唯一的女皇帝

我是山西人，老家在吕梁市文水县哦！

吕梁

河

平遥古城

谷子

灵石

黎侯虎
发祥于黎城县的传统手工艺品

黎城

长治

王家大院
由灵石静升王氏家族经明清两朝、历300余年修建而成，是我国最大的民居建筑之一，有"华夏民居第一宅"之称

威风锣鼓

音频更精彩

● **壶口瀑布**
中国第二大瀑布，为山西和陕西两省共有

临汾

沁 河

黄河铁牛
于唐朝铸造，用来镇压黄河水患

澄泥砚
四大名砚之一

河

晋城

最高峰：北台叶斗峰。
最大的湖泊：解池。
主要河流：黄河、汾河、沁河等。
气候：温带大陆性季风气候，四季分明，冬季长而寒冷干燥，夏季短而炎热多雨。

运城

● 鹳雀楼

解池

猫耳朵
一种面食，形状像猫耳朵

应县木塔

中国现存最古老、最高的一座木结构塔，修建于辽（公元1056年），塔高67.31米。

景点

云冈石窟

位于大同市，是中国规模最大的古代石窟之一，始凿于北魏时期，距今已有1500多年历史。

历史

山西是中华民族的发祥地之一，历史悠久。商代，山西是商的主要统治区。周代，晋文公曾为春秋五霸之一。隋末，李渊起兵于太原，建立了唐朝，山西成为唐朝腹脏。明清两朝，山西商业迅猛发展，领全国之先，活跃的晋商威震海内外。

人物

关羽

今运城人，东汉末年名将，民间尊其为"关公"。

晋文公

今临汾人，春秋时期晋国国君，是春秋五霸中的第二位霸主。

唐高祖李渊

唐朝开国皇帝，曾任太原留守，从太原起兵，建立了唐朝。

战役

长平之战

战国后期，秦国与赵国在长平（今晋城高平市西北）进行了一次大战，赵国任用"纸上谈兵"的赵括为主将，结果战败，40万赵军被坑杀。

带兵打仗，光靠"纸上谈兵"可不行啊！

登鹳雀楼

诗歌

[唐] 王之涣

白日依山尽，黄河入海流。
欲穷千里目，更上一层楼。

鹳雀楼：又名鹳鹊楼，因时有鹳雀栖其上而得名，位于永济市黄河东岸。

精卫填海

山西是炎黄二帝的主要活动区。传说，炎帝的小女儿女娃到东海游玩，不幸被风浪卷入水中而死，死后化为精卫鸟，衔发鸠山（今长治市境内）上的树枝和石子填塞东海，以免后人再受水难。

典故

掩耳盗铃

春秋时期，有个小偷，想把一户人家的大钟敲碎偷走，他怕别人听见钟声，于是堵住了自己的耳朵。后人用"掩耳盗铃"比喻自我欺骗，明明掩盖不住的事情偏要想法掩盖。

美食

过油肉

号称"三晋一味"，山西十大经典名菜之一。

刀削面

山西传统面食，用刀将面一片片地削进开水锅里煮食。

平遥牛肉

清代时已誉满三晋，色泽红润，肉质鲜嫩，醇香可口。

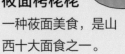

莜面栲栳栳 yóu kǎo lǎo

一种莜面美食，是山西十大面食之一。

平遥古城 ——古代中国的"华尔街"

平遥古城位于山西省晋中市平遥县，**基本保存了明清时期完整的县城原型**。置身其间，不禁会让人怀疑自己是不是穿越过来的。

平遥古城始建于2700多年前的**西周**宣王时期，大将尹吉甫为抵挡北方游牧民族的侵扰，驻军并筑造了平遥古城。秦朝建立后实行**郡县制**，平遥一直是个县城，还不能称之为城市。直到**明朝初期**，平遥古城才扩建为现在的规模，并修筑了城墙。

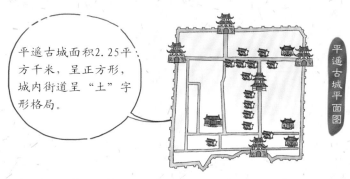

平遥古城面积2.25平方千米，呈正方形，城内街道呈"土"字形格局。

平遥古城平面图

平遥古城保存着**中国最完整的周长6000多米的城墙**，城内有各类遗址、古建筑300多处，有保存完整的明清民宅近4000座，街道店铺都保留历史原貌，被称作**中国古代城市的活样本**。

平遥古城墙

平遥古城墙高8~10米，上面有马道，可以并行两辆马车，还设有御敌设施呢！

有这么坚固的城墙保护，城内的老百姓可以高枕无忧了！

雷履泰

日昇昌的创始人

商人随身带大量现银，既不方便，也不安全，如果有一种特殊票据，可以远距离兑换现银，不就省事了吗？

日昇昌

"日昇昌"旧址
已经改为中国票号博物馆

日昇昌坐落在平遥城西大街的繁华地段，客户是各种大商号，他们凭借汇票能安全便利地调拨资金，还能支付各种款项。在日昇昌的带动下，山西票号业大盛，一度成为全国的**金融中心**，也使平遥城更加繁荣。

什么是汇票？

汇票是一种票据，由票号开具，客户持有。例如，某个晋商在南京做生意，赚了钱存在南京日升昌分行，分行给他开一张汇票。商人回到平遥，就可以拿着汇票，去平遥日昇昌总行把钱领出来，而**不用自己把钱**从南京运到平遥了。

长江以南有徽商，长江以北是晋商。山西在先秦时期便有商业交易，晋商发展到清代，已成为国内**实力最雄厚**的商帮。晋商兢兢业业，不畏艰难。晋商的诚实守信，也是票号得以繁盛的重要原因。

汇票上有用汉字做符号的密押，就是秘密记号，可以防止假冒。

真先进！

进入平遥古城，像是走进了明清时期的繁荣街市，数不胜数的票号、钱庄、布庄、典当铺、杂货店……这些古朴典雅的建筑，见证了晋商的历史，也见证了**中国古代金融业**的发展和兴旺。

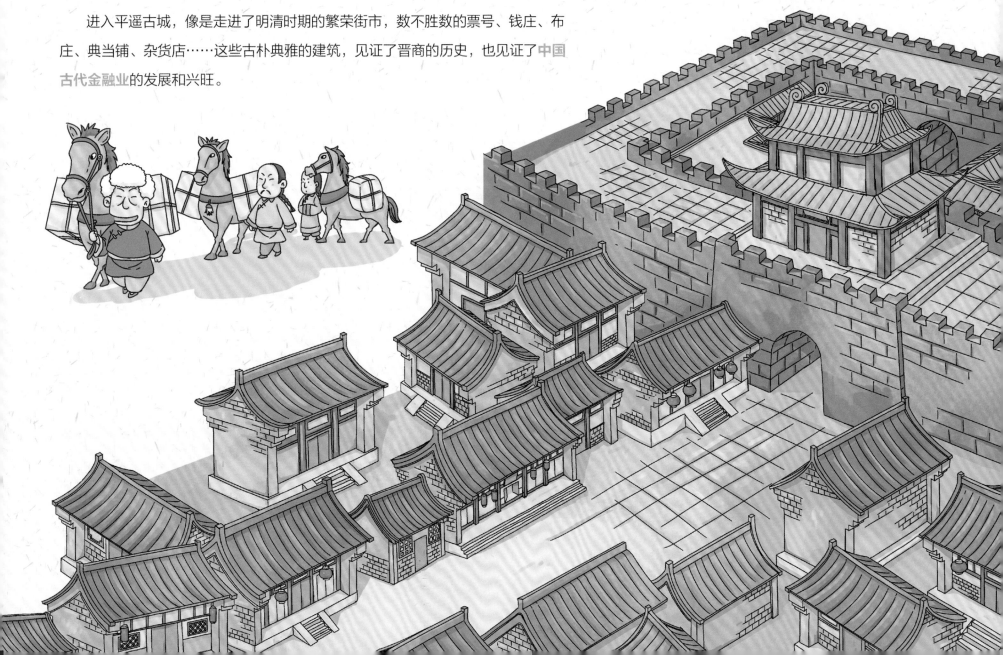

蒙古刀
蒙古族牧民吃肉、宰牛羊的生活用具

内蒙古自治区

🏴 简称：内蒙古

🏢 省会：呼和浩特

"天苍苍，野茫茫，风吹草低见牛羊。"欢迎来到内蒙古，在这里你可以看到一望无垠的大草原，听到悠扬的马头琴声，品尝到香气四溢的烤羊肉……

有的地方叫某某盟、某某旗，"盟"和"旗"是什么意思啊？

盟相当于地级市，旗相当于县。

我们这里自古有会盟习俗，"盟"就是"会盟之地"的意思。

皮囊酒袋

马头琴

苏鲁锭
蒙古的象征，战神的标志，"苏鲁锭"是蒙古语"矛"的意思

额尔古纳河

嫩江

海拉尔河

呼伦贝尔

呼伦湖

•阿尔山

马奶酒
用传统方法将马奶发酵制成的酒

乌兰浩特

欢迎来到我的家乡！一望无际的大草原很美吧！

成吉思汗
本名孛儿只斤·铁木真，1026年建立大蒙古国

蒙古帽
蒙古袍
蒙古腰带
蒙古靴

蒙古包

蒙古野驴

草原狼

额济纳胡杨林•

锡林浩特
•

元上都遗址⚲

巴林鸡血石

辽河

西

通辽

老哈河

赤峰•

风力发电
内蒙古的风力发电规模全国第一

•巴丹吉林沙漠
中国第三大沙漠

巴彦淖尔
nào
•

黄河

乌海

呼和浩特
•包头 ⚲
•鄂尔多斯
乌兰察布

敖包

用石头堆成的堆子，是蒙古族人祭祀和祈福的地方，有时也被当作路标或界标

双峰驼

阿拉善左旗•
敖包圪垯
3556米
gē da
•鄂托克旗

勒勒车

古称辘轳车、罗罗车等，是蒙古族的古老交通工具

最高峰：敖包圪垯。

最大的湖泊：呼伦湖。

主要河流：黄河、额尔古纳河、海拉尔河等。

气候：温带大陆性气候，年温差大，风大沙多，降水少而不均。

胡兀尔
蒙古族的民间传统乐器，又叫四胡

鄂托克龙

8000万年前白垩纪中晚期的恐龙，在鄂托克旗发现其化石

套马杆

放牧时套牲口用的长杆，一般长度为5米，更长的有9米

音频更精彩

景点

元上都遗址

位于锡林郭勒盟正蓝旗草原，曾是元朝首都，忽必烈在此登基建立元朝。

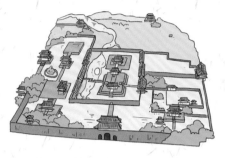

呼伦贝尔草原

因呼伦湖、贝尔湖而得名，是世界四大草原之一，被称为世界上最好的草原。

春秋战国之前，一些游牧民族在内蒙古地区生活。战国后期，燕国、赵国、秦国的领土已经拓展到今天的内蒙古地区。1206年，成吉思汗建立了大蒙古国。1271年，忽必烈在中原建立了元朝。清朝时逐步将整个蒙古收入版图。

蒙恬攻匈奴之战

公元前215年，秦始皇派大将军蒙恬北征匈奴。蒙恬率大军攻占河南地（今内蒙古境内黄河干流以南的河套地区），占据阳山（今古乌加河以北），设九原郡（今古包市头九原区麻池古城）。匈奴逃亡北方，蒙恬在世之时，不敢南下。

战役

人物

王昭君

今湖北人，中国古代四大美女之一，因西汉时出塞和亲而留名。

昭君出塞

汉元帝时，匈奴求亲，本是宫女的王昭君请求出塞和亲，传为佳话。传说昭君弹琴时，天上的大雁因听得入神忘记挥动翅膀而掉落下来，被称为"落雁"。

诗歌

敕勒歌 (chì lè)

[南北朝] 佚名

敕勒川，阴山下。
天似穹庐 (qióng lú)，笼盖四野。
天苍苍，野茫茫。
风吹草低见 (xiàn) 牛羊。

敕勒川：敕勒族居住的地方，在现在的山西、内蒙古一带。

冒顿单于 (mò dú)

匈奴人，于公元前209年自立为单于。他首次统一了北方草原，建立了强大的匈奴帝国。

忽必烈

成吉思汗的孙子，元朝的建立者。

传说

马头琴的由来

相传牧羊少年苏和有一匹聪明的小白马，却被王爷夺走了。小白马为了逃回家，身中数十支弓箭而亡。为了纪念小白马，苏和用它的骨头做了一把琴，琴杆顶上雕刻了马头造型，被称为马头琴。

蒙古族食物主要分为红食和白食，红食就是肉制品，白食就是奶制品。

美食

烤全羊

内蒙古和新疆地区的特色美食，用整只羊烤制而成。

手抓羊肉

蒙古族人的传统食物之一，以手抓食而得名。

奶皮子

把鲜奶放在锅中慢煮，把凝结的蜡脂肪挑起晾干即成。

奶豆腐

用牛奶、羊奶、马奶等经凝固、发酵而成的食物。

那达慕大会——来草原撒撒野

摔跤，射箭，赛马，蒙古男儿缺一不可！

成吉思汗

在城市里住久了，不妨来内蒙古草原呼吸呼吸新鲜空气，要是能赶上一年一度的**那达慕大会**，那可就美翻了！

那达慕大会是蒙古族一年一度的传统体能运动竞技节日，从蒙古族传统仪式"祭敖包"发展而来，"那达慕"在蒙古语中就是"游戏、娱乐"的意思。**那达慕大会一般在每年的七八月举行**，这时牧草茂盛，牛羊肥壮，人们借助大会欢聚一堂，沟通情感，交流信息，抒发丰收的喜悦。

那达慕大会由来已久，据说**成吉思汗**于1206年统一蒙古后，在布哈苏齐举行了一次那达慕大会，会上进行了射箭竞技。后来，蒙古帝国**将摔跤、射箭、赛马定为"男子三艺"**，要求每名蒙古族男子都必须操习。清朝时，那达慕发展成官方组织的定期活动。不过，古代那达慕大会一直是蒙古族王公、贵族牧主和富商的活动，直到1949年才成为普通民众均可参加的盛会。

射箭

射箭分为近射、骑射和远射三项，男女老幼皆可参加，规则是**三轮九箭**，每人每轮只能射三箭，以中靶数定名次。

过去，那达慕大会是从男子三艺中挑选一样作为竞赛项目，同时还要进行大规模的祭祀活动，由喇嘛们焚香点灯，念经颂佛，祈求神灵保祐。现在的那达慕大会，除了男子三艺，还加入了套马、蒙古象棋等传统项目，有的地方还增加了田径、篮球、排球等现代体育项目。

套马

摔跤

摔跤是蒙古族人民尤其喜爱的体育活动，蒙古语称为"搏克"。蒙古族的摔跤有特殊的服装、规则和方法，因此也称为"蒙古摔跤"。

● 蒙古摔跤的特殊服装——昭德格，是一种用动物皮制成的坎肩，上面有铜或银制的镶包，便于对方抓紧。

那达慕大会中也有非体育竞技的活动，例如蒙古长调、马头琴、歌舞等表演的文艺晚会。大会举办期间，牧区方圆数百里的牧民纷纷穿起节日盛装，骑着骏马或乘车前来参加。到了晚上，篝火通明，人们载歌载舞，经常会玩个通宵。

赛马

蒙古族人从小在马背上长大，对马有深厚的感情。那达慕大会的赛马男女老少都可以参加。为了减少马的负荷量，让马跑得更快，人们大都不备马鞍，不穿靴袜，只穿着华丽的彩衣，配上长长的彩带，跑起来襟飘带舞，非常美观。

辽宁省

🚩 简称：辽

🏢 省会：沈阳

辽宁省因境内有一条辽河而得名，它是中国最北端的沿海省份，也是中国最早的工业基地。在这里，你可以看到庄严的沈阳故宫，还可以欣赏到独具特色的民间艺术，感受淳朴的民风。

音频更精彩

听说我被后世小说写成了绝代高手。

张三丰
阜新人，宋末明初人，武当派的创始人，相传活了218岁

鳟鱼

黑脸琵鹭

二人转
流行于东北地区的民间艺术

张氏帅府
民国时期张作霖和张学良父子的官邸

卧龙湖

榛子

老哈河

大豆

阜新·

玉米

铁岭·

盛京三陵　浑　·抚顺　→萨尔浒大战遗址

沈阳 🏢 ·沈阳故宫

朝阳·

天女花
辽宁省省花

辽阳

抚顺琥珀

gōu lí
🎧 高句丽王城、王陵及贵族墓葬

·牛河梁红山文化遗址

锦州·

本溪

花脖山
1336米 ↑

锦州烧烤

盘锦·

·鞍山
中国第一座钢铁工业城市

辽五味
一种传统的中药材

鸭

绿

江

鸭绿江大桥和鸭绿江断桥

葫芦岛·
兴城古城·

辽　东　湾

·营口

九门口长城

撒网捕鱼

望儿山

抗美援朝纪念馆·
丹东·

渤

大连海鲜远近闻名，到底如何，还要本熊亲自品鉴一下才行！

我看你就是想吃吧……

虎头蟹

面条鱼
盛产于丹东鸭绿江口

海

大连

长山群岛

小黄鱼

黄

大黄鱼

海

最高峰：花脖山。
最大的天然湖泊：卧龙湖。
主要河流：辽河、鸭绿江、大凌河等。
气候：北温带大陆性季风气候，雨热同季，日照充足，四季分明。

景点

兴城古城

古时历代兵家必争之地，是我国现存最完整的明代卫城。

盛京三陵

清太祖努尔哈赤的福陵、清太宗皇太极的昭陵以及埋葬清朝先祖的永陵，"盛京"即沈阳在清朝时期的称呼。

历史

辽宁省很早就有人类活动了。夏商时期，辽宁为幽州之地，春秋战国时期为燕地，秦朝统一后划分为三郡。北魏时期，辽东被高句丽占据。唐朝时，唐高宗灭高句丽。辽宁是清朝的发祥地，1616年，努尔哈赤在这里称汗，建立后金，也就是后来的清王朝。

人物

努尔哈赤

清朝的主要奠基者，生于赫图阿拉（今抚顺市新宾满族自治县境内）。

安禄山

今朝阳人，唐朝藩镇割据势力之一的最初建立者，安史之乱的主要发动人之一。

吴三桂

明崇祯时辽东总兵，后降清，引清兵入关。

战役

萨尔浒大战

后金崛起后，明朝派出十几万大军，分四路攻打后金，结果五天之内就被后金破了三路，明军大败，从此也改变了辽东的战略格局。

丁令威

丁令威是西汉时期辽东郡人，原是一位官员，爱民如子，两袖清风。传说他喜欢养鹤，后来驾鹤而去，成为仙人。这个故事广为流传，"鹤归华表""驾鹤飞仙"等成语也是由此而来的。

太子河

太子河古称衍水。战国末期，燕国太子丹派荆轲刺杀秦王失败，秦国大举攻燕。太子丹为了躲避秦军追击，曾藏匿在衍水中，后人为了纪念太子丹，改称衍水为"太子河"。

传说

美食

老边饺子

沈阳的著名小吃，始创于1829年，是中华老字号之一。

小鸡炖蘑菇

用榛蘑、鸡肉、粉条等做成的炖菜。

鲶鱼炖茄子

东北名菜，味道鲜美。

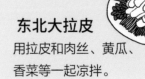

东北大拉皮

用拉皮和肉丝、黄瓜、香菜等一起凉拌。

沈阳故宫——山海关外的清朝皇宫

提到故宫，你若只知道北京的故宫博物院，那就"落伍"了！实际上，中国有四个故宫：北京故宫、沈阳故宫、南京故宫和台北故宫，其中沈阳故宫和北京故宫都是清朝皇宫，也是珍贵的皇家建筑群。

沈阳故宫位于沈阳市沈河区明清旧城中心，又叫盛京皇宫，是清朝入关之前的皇宫。清朝入关前，都城定在盛京，也就是今天的沈阳。1625年，后金汗努尔哈赤开始在盛京中卫城的中心偏东北角修筑宫殿，也就是现存的大政殿和十王亭。

努尔哈赤

● 1616年，女真首领努尔哈赤建立后金。

● 大政殿是皇太极和王公大臣讨论国家大事、举行重大典礼的地方。顺治帝也是在这里登基即位的。

皇太极

大政殿

清

十王亭

努尔哈赤去世后，皇太极即位，续建了由大清门、崇政殿、凤凰楼、清宁宫等组成的大内宫阙。在沈阳故宫里，皇太极将女真改名为满族，并在1636年去汗号称帝，将国号改为清。

1644年，清朝迁都入关，沈阳故宫失去了皇宫的作用，成为陪都宫殿。不过，这里作为开国先皇的"**龙兴重地**"，依然享有崇高地位，受到清朝历代皇帝的重视。康熙帝和乾隆帝东巡祭祖期间，都曾在这里居住。乾隆时期，对宫殿进行了多次扩建和修缮，最终形成了今天**占地6万平方米**，**宫殿亭台楼阁等建筑100余座、500余间**的规模。

皇家风范，财大气粗啊！

啊，清朝有两个故宫啊！

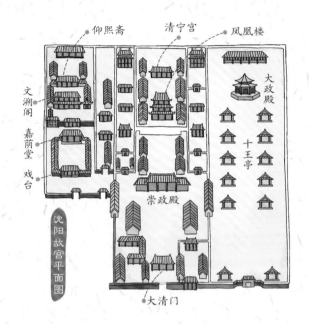

沈阳故宫平面图

仰熙斋　清宁宫　凤凰楼
文溯阁　嘉荫堂　戏台
大政殿　十王亭　崇政殿
大清门

与北京故宫相比，沈阳故宫的建筑风格具有独特的**满、蒙、藏特色**。东路大政殿、十王亭是仿照八旗行军帐殿的布局；中路的特点是"**宫高殿低**"，居住部分位于高台之上，俯瞰理政的正殿区域，这来源于满族人喜居于台岗之上的生活习惯；西路以及中路的**东西二宫则是完全的汉式建筑**。

现在，沈阳故宫已改为沈阳故宫博物院，藏有丰富的**宫廷艺术珍品**，例如宫廷服饰、珐琅器、书画、瓷器，还有外国进贡给大清的钟表和玻璃制品等。

沈阳故宫藏品

乾隆款掐丝珐琅缠枝花卉钵

乾隆御书"紫气东来"匾额

珐琅围屏式钟

沈阳故宫**经历了清王朝的兴衰**，昔日的皇家宫殿，如今只是静静地矗立在那里供人瞻仰。对清朝历史感兴趣的话，不妨前去大饱眼福。如果有机会在雪后参观，会发现沈阳故宫更加美不胜收。

大政殿　十王亭

查干湖冬捕
一种传统的渔业生产方式

东北三宝

貂皮

人参

鹿茸

东北虎
现存最大的猫科动物之一

白城·

美人松
吉林特有树种

嫩江

松花江

查干湖

松原

黄龙府
辽、金时期的军事重镇

松花江雾凇
一种奇特的自然景观，冬季空气中饱和的水汽遇冷，在树枝上凝结成冰晶

梅花鹿

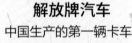

解放牌汽车
中国生产的第一辆卡车

长春 ◎ 伪满皇宫博物院

·吉林 中国唯一省市同名的城市

松花湖

松茸
一种珍稀名贵的天然药用菌，被称为"菌中之王"

延吉·

白鹤

哲罗鲑

图们江

吉林省

▷ 简称：吉

🏢 省会：长春

吉林省位于东北平原的中心。松花江畔，看雾凇冰雪；长白山上，看神秘天池；东北边疆，看朝鲜族风情……总之，这是一个令人流连忘返的地方。

·四平

·辽源

丹顶鹤

打糕

长白山天池·

·白山

·通化

绿

鸭

江

猴头菇

象帽舞

朝鲜族长鼓舞

音频更精

"人生若只如初见"，这句诗就是我写的哦！

纳兰性德
今四平人，清代著名词人，父亲纳兰明珠是康熙时期的著名大臣

大秧歌

↻ 高句丽王城、王陵及贵族墓葬

朝鲜族跳板

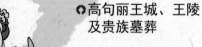

最大的湖泊：松花湖。
主要河流：松花江、嫩江、牡丹江、鸭绿江、图们江等。
气候：北温带大陆性季风气候，春季干燥风大，夏季高温多雨，秋季天高气爽，冬季寒冷漫长。

26

历史上，吉林是满、蒙古、朝鲜等少数民族的活动和聚居地，西周为肃慎地，汉属扶余。清朝于1673年在吉林市建城，取名"吉林乌拉"，满语意为"靠近水边的居住地"，清末改为吉林省。

伪满皇宫博物院
伪满时期，溥仪在吉林居住的宫殿。

景点

听说天池里常有湖怪出没，真刺激！

长白山天池
由火山喷发形成的火山湖，是世界上海拔最高、最深的火山口湖。

典故

鲤鱼退兵
西汉时期，辽东太守出兵围困高句丽丸都山城。传说高句丽王为了解围，从城里莲花池捉了鲤鱼，派人给汉军送去。汉军误以为丸都山城内水源充沛，粮草充足，从而丧失了继续围城的决心，很快退兵。

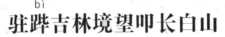

驻跸吉林境望叩长白山
bì

诗歌

[清] 乾隆
吉林真吉林，长白郁嶻岑。
qīn
作镇曾闻古，钟样亦匪今。
邠岐经处远，云雾望中深。
bīn
天作心常忆，明禋志倍钦。
yīn

战役

唐灭高句丽之战
唐太宗年间，高句丽与百济联合攻打唐朝的友邦新罗，新罗向唐朝请求支援，唐太宗决定出兵高句丽。668年，高句丽最终在唐朝和百济的联合攻打下灭亡。唐朝将高句丽分为九都护府，高句丽旧都国内城（今集安市区内）成为安东都护府的哥勿州驻地。

很多人不知道，其实纳兰明珠是我父亲哦！
哇！我就不知道！

纳兰明珠
今四平人，康熙时期重臣。

人物

顾太清
与纳兰性德齐名的词人，被誉为"清代第一女词人"。

宋小濂
明末清初官员，著名的爱国者，与徐鼐（nài）霖、成多禄被誉为"吉林三杰"。

美食

朝鲜冷面
朝鲜族传统美食，将面条煮好后入清水中投涤，捞出后再加入凉汤和各种佐料制作而成。

东北火锅
也叫满族火锅，是东北民间流行的一种美食。

酱汤
用大豆酱和蔬菜、豆腐、海鲜等熬煮而成的汤。

辣白菜
朝鲜族的传统食品。

高句丽王城、王陵及贵族墓葬——高句丽文明的见证者

小朋友，你以为金字塔只是埃及的"特产"？不是的，不只埃及有法老金字塔，南美洲有玛雅金字塔，其实我们中国也有金字塔。不信你看，位于吉林省集安市的大名鼎鼎的**将军坟**，就被誉为**"东方金字塔"**！

将军坟并不是一座孤立的建筑，而是**高句丽遗迹**——高句丽王城、王陵及贵族墓葬的一部分。这片遗迹以集安市为中心分布，包括3座王城、14处王陵以及26座贵族墓。

将军坟的墓主人是长寿王，据说他在位70多年，活到97岁，确实很"长寿"。

吃得香，寿命长！

遗迹组成

3座王城
五女山城　丸都山城　国内城

14处王陵
千秋墓、西大墓、太王陵及好太王碑、将军坟及1号陪葬墓等。

26座贵族墓
角抵墓、舞踊墓、马槽墓、王字墓、环纹墓等。

王陵和贵族墓群位于集安市洞沟河畔，因此也叫"洞沟古墓群"。

金字塔状的方坛阶梯石室墓，底边长约23米，高12.4米，台阶为七级，有"东方金字塔"美誉。

将军坟

高句丽是位于亚洲东北部的一个古国，最初由扶余人建立。公元前37年，扶余国王子高朱蒙在西汉高句丽县（今辽宁省新宾县境内）建国。公元3年，高句丽将都城从五女山城（今辽宁省桓仁县境内）迁至国内城（今吉林省集安市境内），后又在209年迁到丸都山城。

丸都山城城墙遗址

丸都山城坐落在丸都山上，距离集安市区只有2.5千米。其实，高句丽都城采取的是"复合式都城"模式，丸都山城是国内城的军事守备城，和国内城相互依附。这是高句丽建筑的一大特色。

● 全称"国冈上广开土境平安好太王碑"，高6.39米，上面刻有1775个字，被誉为"海东第一古碑"。

好太王碑

高句丽建国后，迅速向外扩张，陆续吞并了周围多个小国，并在5世纪好太王和长寿王统治期间，进入了全盛时期。现在遗迹中雄伟壮观的将军墓，就是长寿王的陵墓。王陵区的另一处著名遗迹——好太王碑，是长寿王为纪念父亲好太王而雕刻的，上面记录了高句丽的历史和好太王的功绩。

● 高句丽墓葬群主要分为石墓和土墓，很多土墓中绘有壁画。这些壁画绘制精美，栩栩如生，描绘了高句丽人的自然崇拜、生活场景和社会习俗等。

高句丽墓壁画

427年，高句丽迁都朝鲜平壤，结束了在集安境内长达424年的建都历史。隋唐时期，高句丽不断与隋唐王朝交战，国力逐渐衰落，最终在668年被唐朝与新罗联军战灭。

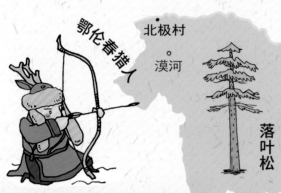

鄂伦春猎人

北极村

漠河

落叶松

北极村

北极村
中国最北的村庄

爬犁

一种木制雪地运输工具，一般由狗或马拉

黑

大马哈鱼

黑龙江盛产的一种鱼，生在江里，长在海里，长大后又回到江里产卵

黑龙江是我国淡水鱼资源最丰富的省份，每年冬捕的场景可壮观啦！

我最爱吃鱼了！

黑龙江省

🚩 简称：黑

🏢 省会：哈尔滨

瞧，这里是东北的黑龙江省。这里有捕鱼的赫哲族、狩猎的鄂伦春族、畜牧的达斡尔族，还有五大连池、镜泊湖等众多壮观的自然景观……

狍子

一种小型鹿类，是东北常见的野生动物之一

黑河

嫩

龙

ài huī
瑷珲古城

清朝黑龙江将军的驻地，也是《中俄瑷珲条约》的签订地

世界上现存最大的淡水鱼，起源于1.3亿年前的白垩纪，有水中"活化石"之称

音频更精彩

红松

松子

xún huáng
鲟鳇鱼

五大连池

江

伊春·

木材

黑龙江是我国主要的木材生产地之一

齐齐哈尔

石油

鹤岗

乌

苏

里

蒸汽森林小火车

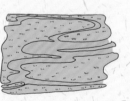

丹顶鹤

雪兔

冬夏毛色变化很大，冬季皮毛会变成白色

江

花

大庆

绥化

·佳木斯

·双鸭山

大豆

马鹿

哈尔滨·

松

牡

丹

·七台河

兴凯湖

圣·索菲亚教堂

·鸡西

最高峰：大秃顶子。
最大的湖泊：兴凯湖。
主要河流：黑龙江、松花江、嫩江、乌苏里江等。
气候：北温带大陆性季风气候，冬季漫长、寒冷干燥，夏季短促、温暖多雨，温差较大。

五常五常米，帝王粮

水稻

·威虎山

丹

大秃顶子
1690米

牡丹江

绥芬河
中俄友谊城

镜泊湖

江

三江湿地

松花江、黑龙江和乌苏里江的交汇处，是世界上少见的淡沼泽湿地之一

吹口弦琴的
赫哲族姑娘

历史

黑龙江古为肃慎、扶余地，魏晋称勿吉。唐代建立了最早的封建政权渤海国，国都就在现在的牡丹江宁安市。辽金改称女直，元属岭北和辽阳行中书省，明为女真地。清朝时，设黑龙江将军，管辖黑龙江将军辖区。清末，黑龙江将军辖区改为黑龙江省。

圣·索菲亚教堂

景点

坐落在哈尔滨索菲亚广场，是一座有着100多年历史的东正教教堂。

五大连池

因火山喷发阻碍河道而形成的五个相互连接的火山堰塞湖。

人物

耶律阿保机

契丹国（即后来的辽）的第一位皇帝，还创造了契丹文

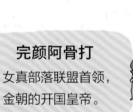

完颜阿骨打

女真部落联盟首领，金朝的开国皇帝。

萨布素

康熙时期的抗俄名将，领导了第二次雅克萨战役。

战役

雅克萨战役

康熙年间，俄国屡次侵犯黑龙江流域。为收复领土雅克萨，康熙帝对入侵俄军进行了两次围歼战。这是中国对俄的第一次自卫反击战。1689年，中俄签订《尼布楚条约》，划定中俄边界，整个外东北归中国所有。

美食

杀猪菜

东北人每年接近年关杀年猪时所吃的炖菜，里面有猪骨、五花肉、猪血肠、酸菜等多种菜品。

大列巴

由俄罗斯传入的一种面包。

得莫利炖鱼

东北特色菜，起源于得莫利村。

哈尔滨红肠

起源于立陶宛，因外观呈枣红色而得名。

传说

镜泊湖传说

相传很久以前，牡丹江畔住着一位美丽善良的红罗女，她有一面宝镜，无论哪里有苦难，只要用宝镜一照，便可以消灾弭祸。这件事传到天庭，引起王母娘娘的忌妒，派天神盗走了宝镜。红罗女上天索回时发生争执，宝镜从天上掉了下来，变成了镜泊湖。

"冰城"哈尔滨——好一派北国风光

提到"冰城"哈尔滨，很多人都会不自觉地打个寒战，起一层鸡皮疙瘩。其实，要去哈尔滨旅游，最好的季节反而是最冷的冬季呢！

北国风光，千里冰封，万里雪飘。哈尔滨的冬天非常寒冷，室外温度通常在-20℃左右，想要玩得尽兴，就要做好"全副武装"：保暖内衣、羽绒服、厚袜子和防水防滑的雪地靴，一件都不能少，还要戴上围巾、帽子和手套。值得一提的是，东北虽然户外寒冷，室内却很暖和，有时穿着单衣也会流汗呢！

东北屋里暖气很足，可舒服了！

好热好热，扇扇子，吃冰棍！

要是觉得不过瘾，还可以到哈尔滨周边的**亚布力滑雪场**痛快地滑雪！亚布力在清朝时曾是皇室和满清贵族的狩猎围场，整个滑雪场处于群山环绕之中，林密雪厚，风景壮观，每年的11月至次年3月是最佳滑雪期。

哈尔滨在松花江畔举办的**冰雪大世界**，有"冰雪迪士尼"的美称，每年都吸引着世界各地的游客前来游玩。夜幕降临，在白雪和灯光的映衬下，各种冰雕五颜六色、美轮美奂，宛如童话世界。

看我从冰滑梯上一冲而下！

哇！这里简直比我的老家北极还好玩！

哈尔滨有很多异国风情建筑，集中在**中央大街**上。这条街始建于1900年，长1450米，街道上铺设着花岗岩方石块，汇集了很多文艺复兴风格和巴洛克风格的建筑，走在大街上，仿佛到了国外一样。当你逛累了，还可以大饱口福，**马迭尔冰棍、大列巴、俄式西餐**……众多特色美食都可以体验一番。

马迭尔冷饮店

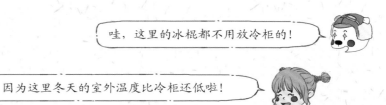

哇，这里的冰棍都不用放冷柜的！

因为这里冬天的室外温度比冷柜还低啦！

圣·索菲亚教堂也值得一看，这是一座始建于1907年的东正教教堂，现在已经成为哈尔滨的**地标建筑**。教堂风格富丽堂皇，有意思的是，正门顶部的钟楼有7座铜铸的乐钟，恰好是7个音符，只有训练有素的敲钟人才能敲打出抑扬顿挫的钟声。如今，教堂作为哈尔滨建筑艺术馆对公众开放。

圣·索菲亚教堂

星空、冰河、雪景和浓浓的异国情调，构成了哈尔滨这座魅力十足的北国之城，十分适合寒假来游玩哦！

上海不愧是中国的经济中心，到处都是高楼大厦，真繁华！

咱们去爬东方明珠塔，在上面看到的风景一定很棒！

上海滑稽戏

崇明扁担戏

崇明区

佘山圣母大教堂

崇明水仙

音频更精彩

上海市

▷ 简称：沪

上海是中国四大直辖市之一，它位于长江的入海口，是我国的经济中心。在这里，我们可以站在东方明珠广播电视塔上远眺，或者漫步在古老的弄堂中，品尝汤汁醇厚的小笼包。

上海旗袍

长江

崇明岛

长兴岛

横沙岛

口

佘山岛

上海长江大桥
全长16.63千米，连接长兴岛和崇明岛的跨长江大桥

蓝印花布

宝山区。

嘉定区。

黄浦

枫泾古镇

吴淞江

普陀区。

虹口区。 杨浦区

静安区。 黄浦区

长宁区 上海。 浦东新区

徐汇区。

。龙华寺

东方明珠广播电视塔

长江口中华鲟自然保护区

东

海

白玉兰
上海市市花和市树

青浦区。

佘山圣母大教堂·

松江区。

闵行区。

黄浦

松江方塔
原名兴圣教寺塔，建于北宋年间，因塔身呈方形，俗称方塔

塔高约468米，是上海的标志性文化景观之一

《良友》画报

中国第一本综合性的大型画报，1926年在上海创办

淀山湖

鲁迅
本名周树人，中国近代著名文学家、思想家

我在上海住了很多年，大家可以去我的故居看看。

旧上海有轨电车

金山区

奉贤区。

江

最高峰：大金山。
最大的湖泊：淀山湖。
主要河流：长江、黄浦江、吴淞江等。
气候：北亚热带季风气候，四季分明，日照充足，雨量充沛。

▲大金山
103.4米

豫园

江南古典园林，始建于明代

34

历史

上海原来只是一个小渔村，春秋时为吴国地，战国时为楚国地，唐属华亭县。宋代，上海发展成镇，即上海镇。元置上海县。清代鸦片战争以后，上海被殖民主义者开辟为通商口岸，后来又成为英国在中国勒索到的第一块租界。

战役

淞沪会战

又称八一三战役，爆发于1937年8月13日。卢沟桥事变后，国民党为了把日军由北向南的入侵方向引导改变为由东向西，以利于长期作战，在上海主动发起了反击战役。淞沪会战是中日双方在抗日战争中的第一场大型会战。

景点

弄堂

也叫"里弄"，是上海及周边地区特有的民居样式，由连排的石库门或独栋房屋、公寓楼组成。

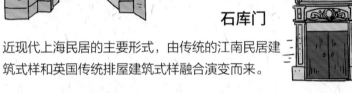

石库门

近现代上海民居的主要形式，由传统的江南民居建筑式样和英国传统排屋建筑式样融合演变而来。

龙华寺

上海历史最久、规模最大的古刹。

诗歌

赠邬(wū)其山

[近代] 鲁迅

廿(niàn)年居上海，每日见中华。
有病不求药，无聊才读书。
一阔脸就变，所砍头渐多。
忽而又下野，南无阿弥陀。

邬其山：
内山书店的老板内山完造，在上海居住了数十年，是鲁迅的挚友。

阮玲玉

中国无声电影时期最著名的影星之一。

人物

张爱玲

中国现代著名作家。

美食

八宝鸭

带骨鸭开背，填入糯米、虾仁、冬笋等配料后蒸制而成。

上海小笼包

著名面点，以体小、馅大、汁多、味鲜、皮薄、形美著称。

葱油拌面

上海传统面食，将煮熟的面条放上葱油一起拌着吃。

腌笃(dǔ)鲜

用竹笋、咸肉、豆腐皮结、鲜猪肉等炖制而成。

典故

原来你才是大哥，我是小弟啊。

只要能消弭水患，保护百姓，谁当大哥无所谓啦！

黄浦夺淞

现在黄浦江是上海最大的河流，吴淞江是其支流，但历史上，其实黄浦江是吴淞江的支流。明朝时，为了疏浚河道，消弭水患，黄浦江被引入范家浜，经吴淞口入长江，这样一来，吴淞口反而成了黄浦江的入江口，吴淞江也成了黄浦江的支流。

上海迪士尼乐园——拥抱童话世界

米老鼠、唐老鸭、灰姑娘、白雪公主……众多动画片里的卡通人物聚集在一座梦幻城堡里，进入迪士尼乐园，就好像进入了童话世界。

● 人见人爱的米老鼠形象，也是华特·迪士尼设计的。

华特·迪士尼

米老鼠

迪士尼乐园诞生于60多年前，由华特·迪士尼创办，他希望有一个和女儿共度时光的地方，于是在美国加州安那罕市创办了第一座迪士尼乐园。这座乐园很快成了世界上最具知名度和人气的主题公园。现在，**世界上共有六座迪士尼乐园**，分别是美国加州迪士尼乐园和奥兰多迪士尼乐园、日本东京迪士尼乐园、法国巴黎迪士尼乐园、中国香港迪士尼乐园和上海迪士尼乐园。

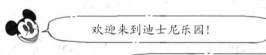

欢迎来到迪士尼乐园！

这里是父母和孩子一起享受快乐时光的地方，祝大家玩得开心！

上海迪士尼乐园是**中国内地首座迪士尼乐园**，于2016年6月16日正式开园，成为小朋友们的乐园。很多大人也会到这里来找回童年呢！

上海迪士尼乐园已经建成**七个主题园区**，分别是米奇大街、奇想花园、梦幻世界、宝藏湾、探险岛、明日世界以及迪士尼·皮克斯玩具总动员，每个园区都包含了丰富多彩的项目，令人流连忘返。

● 第八个园区——疯狂动物城，正在建设中哦！

迪士尼乐园好大啊！不会迷路吗？

别担心，咱们有地图！还有官方APP！

迪士尼·皮克斯玩具总动员：2017年新增的园区，以《玩具总动员》为主题。

梦幻世界：美丽的"奇幻童话城堡"就坐落在这里。

宝藏湾：以《加勒比海盗》系列电影为主题的区域，是上海迪士尼乐园独有的园区。

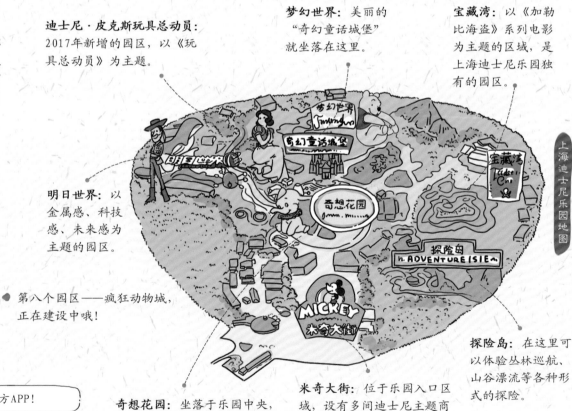

上海迪士尼乐园地图

明日世界：以金属感、科技感、未来感为主题的园区。

奇想花园：坐落于乐园中央，由多座小型花园组成。

米奇大街：位于乐园入口区域，设有多间迪士尼主题商店和餐厅。

探险岛：在这里可以体验丛林巡航、山谷漂流等各种形式的探险。

除了畅游乐园，华丽的花车巡游也是不可错过的，一般中午和下午各一场。盛大的巡游大约有十辆花车，载着迪士尼的卡通人物，现场气氛十分热烈。

花车巡游

烟火秀

奇幻童话城堡

圣索菲亚教堂

待到夜幕降临，迪士尼乐园的压轴项目——"点亮奇梦：夜光幻影秀"就要开始了！配合音乐、灯光、烟火，将一天的欢乐气氛推向最高潮。在光影效果下，奇幻童话城堡显得格外耀眼。

人们为了能玩到自己心仪的游乐项目，在园区里来回穿梭，一天的游玩虽然很累，但是能收获满满的快乐！

沛县。

徐州剪纸

徐州

金镶玉竹

中国第一座5000米深的科学深钻，用于探索地球深部的物质构成

624.4米
▲玉女峰

连云港

吴承恩
今淮安人，明代杰出小说家，著有《西游记》

九十九间半
南京甘熙宅第，始建于清嘉庆年间，是中国最大的私人民宅，俗称"九十九间半"

郑板桥
今泰州兴化人，清代书画家、文学家

骆马湖

宿迁
项王故里

亚洲第一井

京杭

淮安
·

藕粉圆子

洪泽湖

总
渠
灌
溉
北
苏
运
河

大运河

苏绣
中国四大名绣之一，被誉为"东方艺术明珠"

·盐城

中国黄（渤）海候鸟栖息地（第一期）

音频更精彩

江苏省

🏳 简称：苏

🏢 省会：南京

江苏水系众多、风景优美，韦庄有词云："人人尽说江南好，游人只合江南老。春水碧于天，画船听雨眠。"这天堂一般的景色，定是出自江苏了。

蜜三刀

碧螺春
中国十大名茶之一，产于太湖东洞庭山和西洞庭山，也叫"洞庭碧螺春"

泰州·

高邮湖

运
河

昆曲
汉族传统戏曲中最古老的剧种之一，被誉为"百戏之祖"

南通
·

瘦西湖
清康熙年间，杭州诗人汪沆来到扬州，见此湖类似家乡的西湖，而水面瘦长，故称其为"瘦西湖"

栖霞寺
明孝陵 ◎

·扬州
·镇江

长
江

镇江香醋
中国四大名醋之一

◎ 南京

京
杭
运
河

·常州

大运河

·无锡

阳澄湖 太湖

太仓。

长
江
口

最高峰：玉女峰。
最大的淡水湖：太湖。
主要河流：长江、京杭运河等。
气候：淮河-苏北灌溉总渠以南属亚热带湿润季风气候，以北属暖温带湿润半湿润季风气候，气候温和，四季分明。

栖霞寺
中国四大名刹之一，始建于南北朝时期，迄今已有1500多年历史

苏州· ⌂ 苏州古典园林
寒山寺
周庄·

太湖

太湖银鱼

阳澄湖大闸蟹

黄

海

寒山寺

始建于南北朝时期，因唐朝诗人张继的"姑苏城外寒山寺，夜半钟声到客船"而闻名中外。

景点

周庄

江南六大古镇之一，有"中国第一水乡"的美誉。

历史

江苏地区是中华民族诞生的摇篮之一，传说"五帝"之一的帝尧就出生在江苏。春秋时期，吴国兴起，成为春秋五霸之一。从东吴开始，数个王朝在南京建都，江苏地区持续繁荣，苏州曾为全国经济中心，清末被上海取代。

人物

刘邦

今徐州沛县人，西汉开国皇帝。

项羽

西楚霸王，今宿迁人。

hé lǘ 阖闾

今苏州人，春秋末期吴国君主。

战役

笠泽之战

春秋末期，吴越之间恩怨不断。公元前478年，越王勾践率领5万军队，在笠泽江（今苏州市吴江区）三战三胜，大破吴军，吴王夫差仅带少数士兵逃到姑苏城（今南京）。经此一役，吴国元气大伤，最终被越国所灭。

专诸刺王僚

专诸是中国古代四大刺客之一。春秋末期，吴国公子光（即后来的吴王阖闾）欲杀吴王僚而自立，他得知吴王僚爱吃烤鱼，于是假意宴请吴王僚，将匕首藏在鱼腹中，由专诸进献。专诸当场刺杀了吴王僚，但自己也被吴王侍卫杀死。

典故

诗歌

枫桥夜泊

[唐] 张继

月落乌啼霜满天，江枫渔火对愁眠。
姑苏城外寒山寺，夜半钟声到客船。

枫桥：本名"封桥"，在寒山寺附近。
姑苏：苏州的别称。

美食

松鼠 guì 鳜鱼

苏州名菜，以鳜鱼（或桂鱼）为原料炸制而成，外观呈松鼠状。

扬州炒饭

扬州经典美食，用米饭、火腿、鸡蛋、虾仁等炒制而成。

清蒸蟹粉狮子头

用加入蟹肉的狮子头（猪瘦肉丸）清蒸而成。

徐州地锅鸡

锅里炖鸡，锅边贴面饼，菜里汤汁较少，与饼相辅相成。

苏州古典园林——文人心中的山水自然

上有天堂，下有苏杭，杭州有西湖，苏州有园林。苏州地处江南水乡，水系发达，周边盛产太湖石，因地势而得利，将水的柔美与石的壮美巧妙地结合在一起，造就了大大小小的园林。

公元前514年，吴王阖闾命伍子胥在太湖修建都城，这座城就是后来的苏州。苏州古典园林的历史，和苏州建城的历史一样悠久，可以追溯到吴王的苑囿（yòu）。现在有记载的最早的私家园林是东晋时期的辟疆园，此后历代文人名士来苏州造园，到明清时期，私家园林已经遍布苏州城内外了。

都城建好了，再去修一条连接姑苏城和太湖的运河吧！

是。

吴王阖闾

伍子胥

什么是私家园林？

我国园林在发展过程中，形成了三种基本类型：皇家园林、寺庙园林、私人园林。皇家园林，顾名思义，就是皇室的园林，如颐和园、避暑山庄；寺庙园林即寺庙、道观、名人纪念祠等地的园林；私人园林则是王公贵族、文人、富商等私人所有的园林。

皇室园林的代表——颐和园

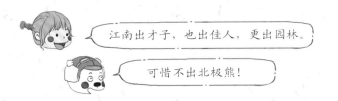

江南出才子，也出佳人，更出园林。

可惜不出北极熊！

苏州园林最多时有200多处，现存有50多处，拙政园、留园、网师园、沧浪亭等，都是著名的苏州园林代表。园林占地面积不大，但以意境见长，以独具匠心的艺术手法，在有限的空间内点缀安排，移步换景，变化无穷。

假山

从太湖运来的太湖石或其他石头，经过工匠的精雕细琢，堆砌成假山放入园林中，有的怪石嶙峋，有的生动有趣，有的还设置成迷宫一般。

● 狮子林里有我国尚存最大的古代假山群，因为许多假山酷似狮子而得名。

狮子林假山

流水

都说无水不成景，有山有水才相宜。古代工匠利用水城的便利性，从河道引水入园林。活水入渠，建池塘，搭水井，造小溪，修瀑布，使得山水交相呼应，组合成趣。

花木

苏州园林中栽种着许多观赏花木，与假山、流水相结合，一草一木都能产生悠远的意境。还有以花木命名的园林，例如网师园的"竹外一枝轩"、留园的"花步小筑"，生动形象、情趣盎然。

竹外一枝轩

"小隐隐于野，大隐隐于市"，一座座在闹市中修建的园林，表达了古代文人"隐于市"的愿望，丰富多样的造园技巧也体现了老祖宗"天人合一"的理念，这些人间美景吸引着古今中外的游客。

什么是"借景"？

为了能看到更多的美景，园林主人们多会"借景"，利用回廊上的漏窗借景是最有特色的方法。

"文房四宝"之一，被誉为"笔中之冠" **湖笔**

浙江省

🚩 简称：浙

🏢 省会：杭州

这里有看不厌的小桥流水，还有逛不完的风景名胜，这里是浙江。浙江是典型的"江南"，可谓人杰地灵，诗人、学者辈出，也是美女西施的出生地。

钱塘潮
钱塘江入海口的海潮，天下闻名

湖州

乌镇•

•嘉兴

京杭运河

杭州湾

杭州湾跨海大桥
世界第三长桥

舟山群岛

良渚古城遗址 ↻ 大运河

杭州

灵隐寺•
杭州西湖

西湖龙井
中国"十大名茶"之一

富春江

千岛湖

世界上拥有岛屿最多的湖

绍兴• •鲁迅故居

河姆渡遗址
约7000~5000年前的新石器时代文化遗址

舟山岛

舟山•

东

zhū jì
○诸暨
西施故里

绍兴黄酒

义乌○ 全国最大的
小商品城

•宁波

香榧

黄岩蜜橘

qú
•衢州

•烂柯山

金华

•横店影视城

fěi
榧树
我国特有树种，是优质木材，种子即著名的干果香榧

孙权
今杭州人，三国时期孙吴的建立者

浙江的名字，来源于钱塘江的古称"浙江"哦！

华东地区最大的梯田群，"中国最美梯田"

金华火腿

tí hú
斑嘴鹈鹕

台州

带鱼

○ 江郎山

龙泉窑
龙泉○

龙

•丽水

大溪

泉

溪

•云和梯田

雁荡山
素有"海上名山、寰中绝胜"之誉，史称中国"东南第一山"

海

绍剧
中国传统剧种之一，流行于绍兴周边地区

▲黄茅尖
1921米

明矾石
浙江产量世界第一

瓯江

•温州
中国四大制鞋产业集群地之一

大黄鱼

○泰顺

现存30多座明清古廊桥，被称为"中国廊桥之乡"

泰顺廊桥

横店影视城
全球规模最大的影视拍摄基地

最高峰：黄茅尖。
最大的人工湖：千岛湖。
主要河流：钱塘江、富春江、瓯江等。
气候：亚热带湿润季风气候，日照充足，雨量丰沛，四季分明。

音频更精彩

景点

灵隐寺

位于西湖西北面，始建者是东晋时期的西印度僧人慧理和尚，南宋高僧济公也曾在这里修行。

乌镇

江南六大古镇之一，完好地保留了"小桥、流水、人家"的江南风景。

历史

浙江是我国古代文明的发祥地之一，也是吴越文化的重要起源地。浙江在春秋时期为越国地，战国时期为楚国地，秦时属会稽郡，元属浙江行省。明朝时，置浙江布政使司，范围大体为现在浙江省的范围。清朝时始称浙江省。

在历史的长河中，我们浙江可谓人才辈出呀！

人物

骆宾王

今义乌人，唐代诗人，"初唐四杰"之一，七岁作诗《咏鹅》。

勾践

今绍兴人，春秋时期越国君主，"春秋五霸"中的最后一位霸主。

西施

今诸暨人，我国古代"四大美女"之一。

诗歌

题临安邸

[宋] 林升

山外青山楼外楼，西湖歌舞几时休？
暖风熏得游人醉，直把杭州作汴州。

战役

戚继光抗倭

明朝时，倭寇（日本海盗）入侵骚扰严重。1561年，倭寇大举入侵浙江台州，戚继光率领戚家军在浙江临海大破倭寇。

卧薪尝胆

春秋时，吴越两国交战，越国兵败，越王勾践被押送到吴国，做了两年奴隶。他回国后，睡觉不用褥，只铺些柴草，还在屋里挂了一只苦胆，时不时尝一口，以不忘耻辱，最终灭掉了吴国。

典故

烂柯山

传说，晋人王质去石室山砍柴，见两童子下棋，便驻足围观，离开时，斧柄已经烂掉了。回家后，才发现已过了数十年。后人便把此山称为"烂柯山"，"柯"就是斧头柄的意思。

美食

东坡肉

用五花肉炖制而成的名菜，相传由苏轼创制。

宋嫂鱼羹

将鱼蒸熟后剔去皮骨，加上火腿丝、鸡汤等烹制而成。

西湖醋鱼

西湖一带的名菜，在烧好的草鱼上浇上糖醋汁而成。

干炸响铃

用豆腐皮卷包裹肉末卷成卷儿，切段后油炸而成。

西湖——四季风景皆是诗

湖光山色，烟柳画桥，四季风景皆是诗——这说的就是西湖，西湖是我国十大风景名胜之一。

西湖是市内湖泊，位于杭州市区的西部，"西湖"之名由此而来。

杭州是浙江省的省会，自古至今，已有2200多年的历史，曾是吴越国（五代十国时期）和南宋的都城，因风景秀丽，被称为"人间天堂"，而西湖更是美不胜收。

2000多年前，西湖曾是钱塘江的一部分，后来因为泥沙堆积，从钱塘江分离出来，形成了湖。

历史上很多大人物都在杭州当过官，比如唐朝时期的白居易，曾担任杭州刺史，他兴修水利，治理西湖，为杭州做了很多好事。

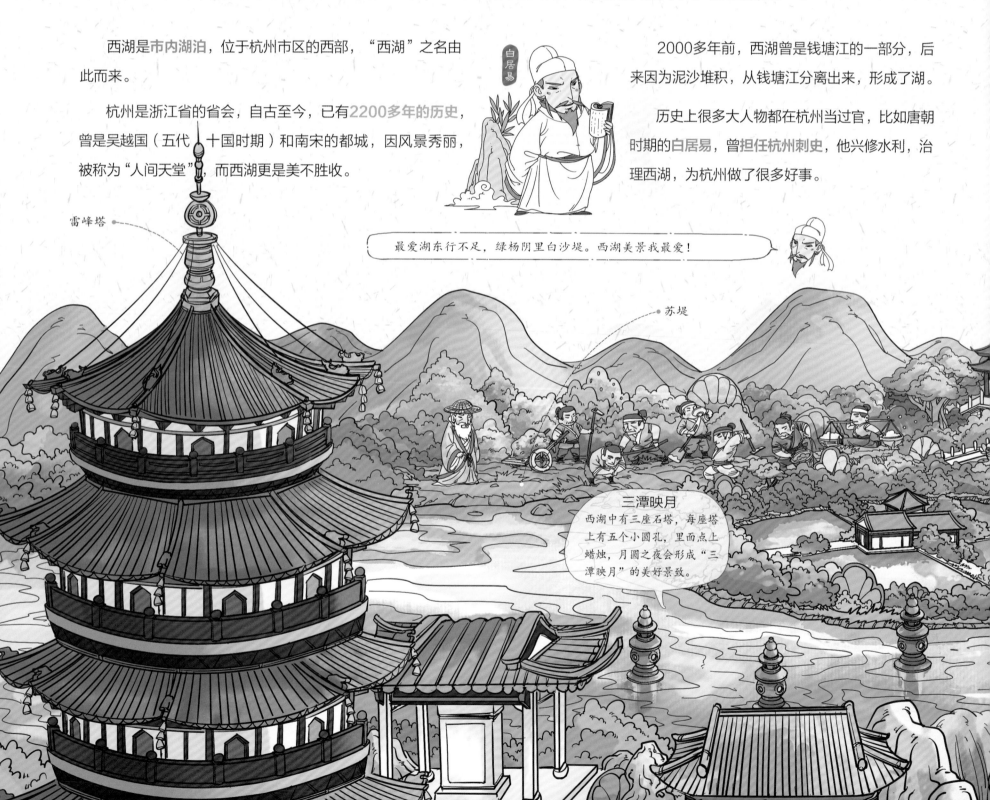

白居易

最爱湖东行不足，绿杨阴里白沙堤。西湖美景我最爱！

雷峰塔

苏堤

三潭映月
西湖中有三座石塔，每座塔上有五个小圆孔，里面点上蜡烛，月圆之夜会形成"三潭映月"的美好景致。

五代十国时期，杭州是吴越国的都城，吴越国王崇信佛教，在西湖周围兴建了大量的寺庙、宝塔等，著名的雷峰塔、保俶塔等都修建于这一时期。

北宋时期，苏轼担任杭州太守，对西湖的治理做出了很大贡献。他动员20万民工疏浚西湖，并用挖出来的淤泥，堆筑了一条横贯湖面的长堤，就是现在的"苏堤"。

饮湖上初晴后雨二首·其二

北宋 苏轼

水光潋滟晴方好，
山色空濛雨亦奇。
欲把西湖比西子，
淡妆浓抹总相宜。

我是吃货，爱美景也爱美食，东坡肉就是我的拿手菜。

西湖十景

- 平湖秋月
- 苏堤春晓
- 断桥残雪
- 雷峰夕照
- 南屏晚钟
- 曲院风荷
- 花港观鱼
- 柳浪闻莺
- 三潭印月
- 双峰插云

自古以来，无数的文人墨客、商人、官员来这里游览，无不流连忘返。西湖还流传着"白蛇传""梁山伯与祝英台""苏小小"等民间传说和神话故事，为西湖增添了几分神秘。

西湖一年四季景致不同，但都很漂亮，一起去漫步苏堤、泛舟湖上吧！

断桥

平湖秋月

秋高气爽之时，湖面平静，月亮高而清晰，是泛舟西湖、观赏月景的最佳时间。

柳浪闻莺

位于西湖东南岸，前身是南宋时期的御花园"聚景园"，当时园里种了很多柳树，春风袭来，柳枝摇摆得像海浪一样，莺的啼叫声婉转动听，因而被称为"柳浪闻莺"。

据说曹操十岁时曾在家乡击退鳄鱼，说的就是扬子鳄吧！

真厉害！我可不敢和鳄鱼打架！

曹操
今亳州人，三国时期魏国的奠基者

凤阳花鼓

安徽的文房四宝

宣笔
徽墨
宣纸
shè 歙砚

音频更精彩

"酒中牡丹"古井贡酒的产地

古井镇
bó
亳州

淮北

宿州

大泽乡

垓下古战场

陈胜和吴广

阜阳

秦朝末年在大泽乡领导了中国历史上第一次农民起义

蚌埠

凤阳

河

淮南

淮

八公山

醉酒捞月的李白

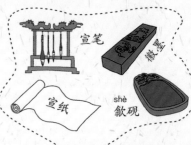

相传诗仙李白在采石矶醉酒捉月，落水溺亡

安徽省

🏳 简称：皖

🏢 省会：合肥

"一生痴绝处，无梦到徽州。"
安徽自古便是人杰地灵的好地方，这里有黄山奇景，有醇香的名茶，有经典的黄梅戏……

黄山猕猴

豆腐
西汉淮南王刘安在八公山炼丹时意外发明

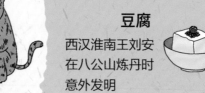

醉翁亭 · 滁州

六安

巢湖

合肥

采石矶

马鞍山

芜湖

谢朓楼

南北朝诗人谢朓所建

烘糕
麻饼
寸金
白切

合肥四大名糕点

安徽名茶

六安瓜片
黄山毛峰
祁门红茶
太平猴魁

铜陵

宣城

宣城

扬子鳄自然保护区

江

宣木瓜

长

池州

泾县
宣纸原产地

最高峰：莲花峰。
最大的淡水湖：巢湖。
主要河流：长江、淮河、新安江等水系。
气候：暖温带与亚热带过度地区，淮河以北属暖温带半湿润季风气候，淮河以南属亚热带湿润季风气候。

安庆

黄山
莲花峰
1864.8米

皖南古村落——西递、宏村
具有千年历史的徽派古民居村落

新
安
江
黄山

黄梅戏
中国五大戏曲剧种之一

扬子鳄

一种小型鳄鱼，主要分布在长江中下游地区，为我国所特有

46

景点

醉翁亭
因北宋文人欧阳修在此作《醉翁亭记》而著名。

九华山 中国四大佛教名山之一，有"东南第一山"之称。

历史

商朝时，君主汤曾定都亳州。春秋时期，安徽分属吴、楚、越等国。战国末期，楚国郢（yǐng）都（今湖北荆州）被秦攻占，迁都陈县（今河南淮阳），后来又迁都寿春（今安徽寿县）。明朝初期，安徽是直属中央六部管理的"直隶"，在清康熙年间改称安徽。

明太祖朱元璋
今凤阳人，明朝开国皇帝，曾经做过乞丐，当过和尚。

人物

胡雪岩
今宣城人，晚清著名徽商。

包拯
今合肥人，北宋名臣，为官清廉，被称为"包青天"。

诗歌

滁州西涧

[唐] 韦应物

独怜幽草涧边生，
上有黄鹂深树鸣。
春潮带雨晚来急，
野渡无人舟自横。

西涧：
位于滁州城西郊野。韦应物任滁州刺史期间，常去那里游览。

战役

淝水之战

383年，前秦出兵攻打东晋，双方在淝水（今淮南市寿县东南方）交战。东晋在谢安的指挥下，最终以八万军力大胜前秦八十万大军，成为历史上以少胜多的著名战役。

四面楚歌

楚汉战争末期，汉军在垓下（今宿州市灵璧县境内）大败楚军，项羽率楚军退守垓下城。夜里，汉军在城外四处高唱楚地民歌，楚军误以为汉军已尽数占领楚地，从而士气崩溃。后人用"四面楚歌"来形容四面受敌、孤立无援的境地。

六尺巷

清康熙年间，大臣张英老家的家人与邻居吴家因为房子宅基发生纠纷。在张英的劝说下，张家主动让出三尺，吴家深受感动也让出三尺，就有了六尺巷。

典故

美食

安徽板面
一种宽面，制作时将面团在面板上摔打，因而得名。

包公鱼
包拯府中流传出的菜肴。

曹操鸡
始创于三国时期，专为曹操烹制的一道菜。

鱼咬羊
将羊肉装进鱼肚中烹制而成。

黄山——天下第一奇山

黄山位于安徽省黄山市，古时由于交通闭塞，黄山又极为险峻，所以人迹罕至。那时，黄山还不叫黄山，因为它的**峰岩呈青黑色，遥望为苍黛**，所以叫"黟（yī）山"。

传说，**黄帝曾在这里炼丹**，最后得道升天，因此信奉道教的唐玄宗便在747年将黟山改名为黄山。黄山上的炼丹峰就是因为这个故事而得名的。现在登上炼丹峰，可以看到上面还有石室，室内有炼丹灶，峰前有炼丹台。

黄山山石高狭秀丽，云雾中似有仙乐奏鸣，温泉水更是令人心旷神怡，我真想多去几次呀！

李白

登黄山，天下无山，观止矣！

涂霞客

改名黄山后，这座人间仙境便在**道家信徒、文人墨客**中有了名气。唐代大诗人**李白**就曾游黄山，还在《送温处士归黄山白鹅峰旧居》一诗中留下名句："黄山四千仞（rèn），三十二莲峰。丹崖夹石柱，菡萏（hàn dàn）金芙蓉。"

黄山画派

明代旅行家、地理学家**徐霞客两次登临黄山**，他盛赞黄山："薄海内外之名山，无如徽之黄山。登黄山，天下无山，观止矣！"这句话后来被人们引申为"**五岳归来不看山，黄山归来不看岳**"。

此后，文人雅士络绎不绝地来到黄山，创作了无数名篇佳作。明末清初，一群山水画家驻足黄山，潜心体悟黄山真景，描绘黄山精妙绝伦的美，形成了独具特色的"**黄山画派**"。黄山影响了传统山水画的发展，被誉为"**中国山水画的摇篮**"。

黄山有"天下第一奇山"之称，它到底奇在哪儿呢？黄山之"奇"，奇在"四绝"：**奇松、怪石、云海、温泉**。

怪石

黄山的花岗岩体因受内外因素作用，长期崩落风化，**形成了千奇百怪的形象**，有如从天外飞来的"飞来石"，有如猴蹲坐、静观云海的"猴子望太平"，有如同两位仙人对弈的"仙人下棋"……怪石之多，不胜枚举。

温泉

黄山温泉在海拔850米的紫云峰下，水中含多种矿物质，可饮、可浴、可医，水温常年42℃，被称为"灵泉"。古诗云"嵩阳若与黄山比，犹欠灵砂一道泉"。

云海

大凡高山，多有云海，但黄山的云海更有特色，**奇峰怪石和古松隐现于云海之中**，增加了不一样的美感，被视为一大奇观。

奇松

奇松即形态奇特的松树。古人称黄山"无峰不石，无石不松，无松不奇"，黄山有迎客松、送客松、麒麟松、探海松、黑虎松等十大名松，其中迎客松更是黄山的一大标志。

画给孩子的
中国地理 ②

洋洋兔 编绘

全国百佳图书出版单位

化学工业出版社

·北京·

目录

新疆维吾尔自治区

甘

青海省

西藏自治区

四

云南

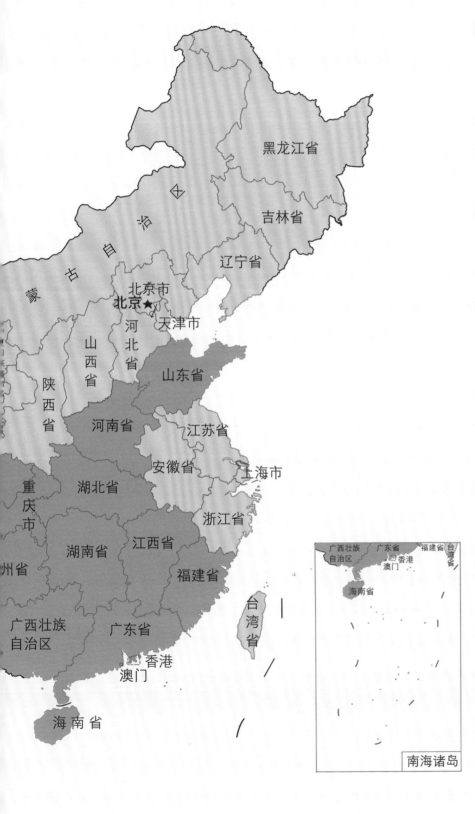

福建地形有"八山一水一分田"之称，山地、丘陵占总面积的80%以上。

我不喜欢走山路，好累……

最高峰：黄岗山。
最大的岛屿：海坛岛。
主要河流：闽江、九龙江等。
气候：亚热带湿润季风气候，冬无严寒，夏少酷暑，雨量充沛。

黄岗山
2160.8米
武夷山

灵芝
武夷山是我国灵芝主要主产地之一

南平

华南虎
我国特有的虎亚种，野生的已经灭绝

福鼎

我的家乡是"榕城"福州。

崇武古城
明朝政府为抵御倭寇所建，是我国现存最完整的丁字形石砌古城

郑成功
明末清初收复台湾的民族英雄

泰宁丹霞

福州线面

芙蓉李

宁德

福鼎芋

三明

红团
用糯米做皮、包裹各种馅料制作而成的特色小吃

福州
← 三坊七巷

闽江

文旦柚
莆田四大水果之一

海坛岛

连城四堡

安贞堡
占地面积约一万平方米的大型围廊式土楼

龙岩

龙硿洞 kōng

独特的喀斯特地貌，有"华东第一洞"的美誉

莆田

连城四堡
明清时期著名的四大雕版印刷基地之一

鳗鱼

丁香鱼

音频更精彩

北管
流行于泉州的一种丝竹音乐

泉州　崇武古城

福建楼群

鼓浪屿

漳州

厦门
金门岛

提线木偶戏

布袋戏
起源于泉州的民间戏曲表演，因早期演出戏偶的偶身像是"用布料所做的袋子"而得名

妈祖
中国东南沿海地区人民信仰的海神

角梳
油纸伞
脱胎漆器

福州三宝

澎湖列岛

东

海

台

湾

海

峡

湾

岛

福建省

福建省简称"闽"。白天，你可以隔着台湾海峡，望见宝岛台湾；傍晚，你可以吹着海风，漫步在厦门的环岛路上；夜晚，你可以坐在街边，品尝各色美味的海鲜……

历史

福建古时是古闽人的居住地，后来古闽人与南迁的越人融合，形成闽越人和闽越文化。秦设闽中郡，汉属扬州。唐玄宗时，开始出现"福建"之名。宋代和元代，泉州成为国际著名的港口。明嘉靖年间，倭寇猖獗，福建沿海受害严重。清朝时重置福建省。1842年，《南京条约》将厦门和福州辟为通商口岸。

景点

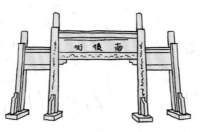

三坊七巷

国内现存规模较大、保存较完整的历史文化街区，是一座不可多得的"明清建筑博物馆"。

罗星塔

位于闽江之滨，是国际公认的航标、闽江门户的标志，有"中国塔"之誉。

人物

严复

今福州人，近代教育家、翻译家，首倡"信、达、雅"的译文标准。

林则徐

今福州人，清朝大臣，力主禁烟自强，被誉为"民族英雄"。

林则徐和严复是老乡啊！

还有郑成功，他们都是福州人。

我们福州人杰地灵呀！

诗歌

泉州刺桐花咏
兼呈赵使君

（节选）

[唐]陈陶

仿佛三株植世间，风光满地赤城闲。

无因秉烛看奇树，长伴刘公醉玉山。

刺桐花：
泉州市花，泉州又名"刺桐城"，是古代中国与海外贸易的重要港口。

事件

郑和下西洋

明朝时，郑和曾率船队先后七次下西洋，大多从苏州太仓刘家港集结，然后到福州长乐，从太平港扬帆远航。郑和的船队有200多艘船，2万多名船员，远航西太平洋和印度洋，拜访了30多个国家，是世界范围内的一大壮举。

美食

福州鱼丸

以鱼肉做外皮的带馅丸子，福州特色小吃之一。

佛跳墙

福州名菜，用鲍鱼、海参、花胶、冬笋、鹌鹑蛋等十几种材料炖制而成。

沙茶面

闽南特色小吃，特色是用沙茶酱制作汤头。

红糟鱼

用红糟（一种福建特有的调料）腌制的鱼，鱼肉发红。

鼓浪屿——面朝大海的国际历史社区

有这样一个地方，面朝大海，气候宜人，转过街角，能看到闽南传统风格、西方古典风格、现代主义风格等多种风格的建筑，堪称"**万国建筑博览会**"。这个地方，就是厦门市思明区的一个小岛——鼓浪屿。

鼓浪屿原名圆沙洲，**明朝改称鼓浪屿**。相传这座海岛上有一块有孔洞的礁石，每当海浪冲击，就会发出擂鼓般的声响，因此得名"鼓浪石"，这座岛屿也被称作鼓浪屿。

1843年，根据《南京条约》，厦门被开辟为通商口岸。1902年，厦门又开辟了鼓浪屿公共租界。由于**交通便利，气候宜人**，许多外国人选择在鼓浪屿定居，出国谋生的华侨在事业有成后也纷纷回到闽南祖籍，将鼓浪屿作为最佳居住地。鼓浪屿逐渐发展成**各国人共同建设、居住、管理的国际社区**。

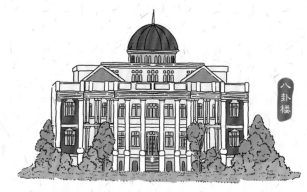

鼓浪屿不仅风光秀美，还是音乐的沃土，有"**钢琴之岛**"的美名。这里面积不足两平方千米，人口不到两万，却有600多架钢琴，人均钢琴拥有率全国最高，此外还有多座著名音乐院校，堪称音乐爱好者的天堂。

八卦楼

鼓浪屿的地标建筑之一，曾是私人住宅、厦门市博物馆旧址，现为**管风琴博物馆**。

郑成功像

郑成功是明朝末年将领，他忠于明朝，奋力抗清，被赐予国姓"朱"。郑成功曾以鼓浪屿为军事据点屯兵操练，对抗清军。现在岛上立有他的石像。

福建土楼——泥土筑成的圆形堡垒

见惯了钢筋水泥的高楼大厦，青砖瓦房，你知道古代老百姓用土筑成的楼房有多坚固吗？在福建就有许多**坚固如堡垒的夯土建筑**，它们是当地客家人和闽南人独有的大型楼房——土楼。

土楼主要修建于中原动乱、人口被迫向南方迁徙的时期，例如唐末黄巢之乱、南宋金人入侵、明末清初等。这些人初来乍到，只能在当地人不愿居住的山区落脚，那里经常有野兽出没，还有强盗劫掠，定居和创业都很艰难，于是，一种**可以聚族而居、集生活和防御功能于一体**的土楼便诞生了。

◆ 土楼不仅有圆形，还有方形、五角形、半圆形等。圆形土楼通风采光更好，所以圆形土楼居多。

目前福建各处的土楼**共有3000多座**，主要集中在闽西南和泉州、漳州等沿海地区，其中**闽西南土楼的主人多为客家人**，沿海地区的多为闽南人。

承启楼

修建于清康熙年间，由四个同心圆的环形建筑组成，直径60多米，周长近300米。全楼共402个房间，鼎盛时住有600余人，现在仍住有300余人。

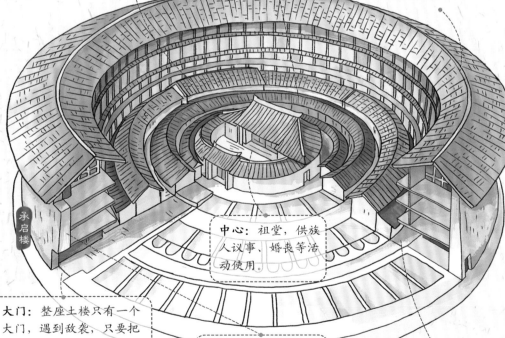

二环：两层，每层40间。

三环：单层，32间。

外环：四层，每层72间。一层为厨房，二层贮藏粮食，堆放农具，三层、四层为卧室。

中心：祖堂，供族人议事、婚丧等活动使用。

大门：整座土楼只有一个大门，遇到敌袭，只要把门一关，土楼就是一座坚不可摧的堡垒。

外墙：夯土墙，有1~1.5米厚，刀枪不入，甚至可以抵挡炮弹。

走廊：环形走廊，俗称走马廊，方便防卫人员和弹药的调动。

咦，为什么承启楼的一二层没有窗户，三四层才有呢？

当然是为了安全！而且四层的也不全是窗户，那些小一点的是射击孔，如果敌人来犯，可以从上面射击。

哇，安保措施真严密！

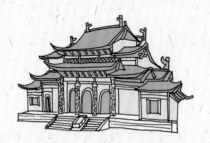

百丈寺 中国佛教禅宗古寺庙之一，已有1200多年的历史

泰和乌鸡

武宁棍子鱼

长 · 九江 江

白鹿洞书院 ·庐山

武宁

修 水

庐山云雾茶

wù
·婺源

·景德镇

鄱阳湖候鸟
自然保护区

鄱阳湖
中国第一大
淡水湖

南昌 ·

滕王阁

中华绒螯蟹

·三清山

上饶

信 江

江西省

🏴 简称：赣

🏢 省会：南昌

　　江西省地处长江中下游南岸，省内最大的河流是赣江，因此简称"赣"。这里有中国最大的淡水湖鄱阳湖，有"瓷都"景德镇，还有"秋水共长天一色"的滕王阁，一起来欣赏吧！

猴头杜鹃

百丈寺 ·

锦 江

赣 江

抚 河

·鹰潭

· 龙虎山

黄岗山
2160.8米

鄱阳鱼灯

"采菊东篱下，
悠然见南山。"
还是家乡好啊！

宜春

·新余

·抚州

岳飞点将台 抗金名将岳飞曾在这里检阅将士

银环蛇 一种有名的毒蛇

陶渊明

今九江庐山人，东晋末到刘宋初杰出诗人，田园诗派创始人

萍乡 ·

狗牯脑茶 江西名茶之一，因产于吉安市狗牯脑山而得名

gǔ

·吉安

赣 江

·井冈山
"中国革命
的摇篮"

因南宋大诗人辛弃疾的词作《菩萨蛮·书江西造口壁》而名扬天下

油茶 我国特有的一种油料树

白鹿洞书院 始建于唐代，与岳麓书院、应天书院、嵩阳书院合称中国古代"四大书院"

赣南脐橙

·泰和

郁孤台

· 瑞金

赣州 ·

桃 江

赣 江

钨矿 赣州是中国和世界钨的主产区，被称为"世界钨都"

nuó
南丰傩舞 又称跳傩，是由古代驱鬼逐疫的仪式改革创新而成的汉族民俗舞蹈

音频更精彩

最高峰：黄岗山。
主要河流：赣江、抚河、信江、修水等。
最大的淡水湖：鄱阳湖。
气候：亚热带湿润季风气候，气候温和，日照充足，雨量充沛，四季分明。

江西因733年唐玄宗设江南西道而得名，又因境内最大河流为赣江而简称赣。江西是古代长江文明的一部分，距今1万多年前就开始栽种水稻了。春秋时期，江西属于吴（国）头楚（国）尾。西汉时，设豫章郡，江西从此作为明确的行政区域建制。中唐以后，江西发展迅速，在宋元明三朝，是中国最繁荣的省份之一。

典故

王勃作《滕王阁序》

675年，王勃在探父途中路过南昌，正值重修的滕王阁落成。都督阎伯屿邀请当地文人雅士为滕王阁作序，其实是想炫耀自己女婿的文采，因此大家都推辞不作，只有王勃不推辞，一气呵成写了《滕王阁序》。阎伯屿看后赞叹不已，也就不让自己的女婿作序了。

人物

欧阳修
北宋政治家、文学家，文坛领袖，祖籍今吉安市。

王安石
今抚州人，北宋宰相，政治家、文学家。

宋应星
今宜春人，明朝著名科学家，著有《开工开物》。

诗歌

菩萨蛮·书江西造口壁
[宋]辛弃疾

郁孤台下清江水，中间多少行人泪。
西北望长安，可怜无数山。
青山遮不住，毕竟东流去。
江晚正愁余，山深闻鹧鸪。
zhè gū

事件

创建革命根据地

井冈山位于江西西南部，地势易守难攻。1927年10月，中国共产党人率领中国工农红军，在这里建立了第一个农村革命根据地，开辟了一条农村包围城市的共产主义革命道路，井冈山因此有着"革命摇篮"之称。

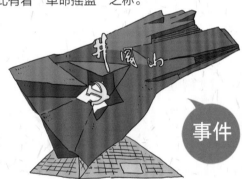

美食

三杯鸡
因制作时不放水，只用一杯米酒、一杯猪油、一杯酱油而得名。

瓦罐煨汤
将食材和水放在瓦罐中，煨制数小时而成。

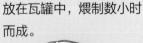

南昌炒粉
南昌特色小吃，用南昌米粉炒制而成。

藜蒿炒腊肉
江西特色菜，用藜蒿（主产自鄱阳湖沿岸一带）与腊肉炒制而成。

景点

滕王阁
江南三大名楼之一，因唐太宗弟弟滕王李元婴始建而得名，又因初唐诗人王勃的《滕王阁序》而流芳后世。

婺源油菜花
江西是油菜花大省，婺源油菜花尤其壮美，婺源被誉为"中国最美的乡村"。

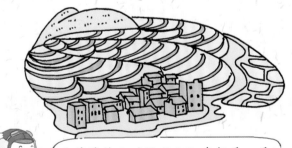

油菜花什么时候开啊？真想看一看！

婺源油菜花期是三月上旬到四月中旬。

我也很想看呢！还要作诗一首！

景德镇——瓷器之都

中国这么大，有没有明明是市，却叫"镇"的地方呢？还真有，这个地方就是大名鼎鼎的"瓷都"——景德镇。

没错，景德镇瓷器的第一个皇帝粉就是我。

宋真宗

青白瓷

景德镇制瓷历史悠久，早在宋代就是重要的瓷器生产基地之一。据说当时的皇帝宋真宗非常喜欢景德镇的瓷器，甚至将自己的年号"景德"御赐给这个地方，"景德镇"的名字便由此而来。

宋代景德镇生产的主要是青白瓷，不仅供给国内，还通过海运远销海外。2007年，广东海域打捞出来的宋代商船"南海一号"，其中就有大量的景德镇青白瓷器。

到了元代，景德镇已经是全国制瓷技艺最高的地方了，他们设立了"浮梁瓷局"，主管全镇的陶瓷生产。元代景德镇所产的瓷器花色，以青花和釉里红为主，其中青花瓷尤为著名，被称为"元青花"。

釉里红

青花瓷

清代粉彩

明清时期，景德镇成为宫廷用瓷的重要生产基地，专门为朝廷制作瓷器的景德镇御窑厂就是在明代设立的。清代时，还设立了监督景德镇瓷器生产的督陶官，这时的景德镇，制瓷工艺已经达到了登峰造极的境界。

深厚的历史底蕴和高超的制瓷工艺，成就了景德镇"瓷都"的美名。现在，说到中国瓷器，我们就会想到景德镇，想到这个处处充满"瓷味"的地方。

景德镇在古代是镇，后来成了市，但"景德镇"的名字过于深入人心，所以就没叫"景德市"，而是"景德镇市"。

原来如此，还是"景德镇"叫着顺口！

庐山——匡庐奇秀甲天下

提到庐山，小朋友们都不陌生，因为很多古诗词中都有它的身影，例如苏轼《题西林壁》中的"不识庐山真面目，只缘身在此山中"就是千古名句。

庐山位于江西省九江市南郊，以雄、奇、险、秀闻名，被称为"匡庐奇秀甲天下"。"匡庐"是庐山的别称，传说周朝时有一个叫匡俗的道人，在这里求道成仙，因此这座山被称为"神仙之庐"，"庐山""匡庐"之名由此而来。

庐山山高林密，风景秀丽，是隐居的理想之所。东晋诗人陶渊明辞官归隐，去了哪里呢？正是他的家乡浔阳，也就是现在的九江市。归隐后的陶渊明写下"采菊东篱下，悠然见南山"的诗句，其中的南山就是庐山。

庐山不仅是人间仙境、隐居之庐，还是一座教育名山。我国古代四大书院之一的白鹿洞书院，就坐落在庐山五老峰南麓。白鹿洞书院始建于唐朝，南宋时，著名理学家朱熹将其扩建，广招门生，亲自讲学，制定章程，使书院名声大振，成为当时中国的一个文化中心。

低头采菊，抬头见山，这就是我的"桃花源"啊！

陶渊明

阿朵朵，"书院"是做什么的呀？

是古代普通人家的孩子接受高等教育的地方，相当于现在的大学。

白鹿洞书院

五老峰

三叠泉瀑布

白鹿洞书院

望庐山瀑布

唐李白

日照香炉生紫烟，遥看瀑布挂前川。飞流直下三千尺，疑是银河落九天。

山东省

简称：鲁

省会：济南

山东，因居太行山之东而得名，先秦时这里属于齐国和鲁国，是儒家文化的发源地、孔子和孟子的故乡。山东名人辈出，将军有孙武、吴起等，名相有管仲、晏子等。

山东又称"齐鲁大地""孔孟之乡"，是个文化底蕴深厚的地方。

那我来山东走一走，是不是也能变得有文化？

有朋自远方来，不亦乐乎？

孔子

今曲阜人，伟大的思想家、教育家、儒家创始人

音频更精彩

小麦

大豆

渤 海

黄河口 · 蓬莱阁

威海 · 刘公岛

成山角

烟台 ·

牡丹

山东省花

德州扒鸡

德州 ·

滨州 · 东营 ·

中国最大的蔬菜生产基地 寿光 ·

烟台苹果

京 杭 运 河

黄 河

大明湖

趵突泉

济南

千佛山

· 淄博

齐国的国都

潍坊 ·

潍坊风筝节

每年4月的第三个周六举行

阿胶

用驴皮熬制的一种补药

聊城 ·

1532.7米
玉皇顶

泰山

泰安

青岛崂山

青岛 ·

景阳冈 ·

武松打虎处

《水浒传》中宋江起义的地方

水泊梁山

大运河

曲阜孔庙、孔林、孔府

蒙山

文化名山，古称"东蒙""东山"

齐长城遗址 ·

奥帆中心

青岛啤酒

济宁

泗 河

南阳湖

邹城

· 曲阜

鲁国的国都

沂 河

· 临沂

日照 ·

海参

煎饼卷大葱

菏泽 ·

牡丹之乡

独山湖 昭阳湖

· 枣庄

微山湖

· 台儿庄大战纪念馆

武松打虎

孟子

邹城人，思想家，与孔子合称"孔孟"

趵突泉

天下第一泉，与千佛山、大明湖并称济南三大名胜

最高峰：玉皇顶。

最大的湖泊：南四湖（由微山湖、昭阳湖、南阳湖、独山湖4个相连的湖组成）。

主要河流：黄河、沂河等。

气候：暖温带半湿润季风气候区，四季分明，夏季炎热多雨，冬季寒冷干燥。

黄 海

8

蓬莱阁

有"人间仙境"之称，以"八仙过海"传说和"海市蜃楼"奇观享誉海内外。

曲阜孔庙、孔林、孔府

祀奉孔子的孔庙，孔子及其后裔的墓地孔林，以及孔子嫡系后裔居住的孔府，合称"三孔"。

景点

历史

山东是中华文明发祥地之一，历史可上溯到四五十万年前。原始社会末期的大汶口文化、龙山文化，均在山东首先发现。春秋战国时期，山东东部为齐国，西部为鲁国。秦置胶东、临淄、济北等郡，汉属青、兖、徐州地，明设山东布政使司，清为山东省。

鲁班

春秋时期鲁国（今枣庄滕州）人，著名工匠，被后世尊为中国工匠师祖。

马陵之战

战国时期，魏国攻打韩国，韩国向齐国求援。齐国使用"围魏救韩"的策略，派大军攻打魏国都城，诱使魏军回救都城，然后假装败退，在马陵伏击魏军，最终全歼魏军。近代考古显示其战场位于今临沂市郯（tán）城县马陵山附近。

战役

人物

王羲之

今临沂人，东晋时期著名书法家，被誉为"书圣"。

李清照

今济南人，宋代著名女词人，有"千古第一才女"之称。

典故

一鼓作气

春秋时期，齐国与鲁国交战，鲁国曹刿（guì）没有立刻下令击鼓进军，而是等齐军击鼓三次以后，才让鲁军击鼓进攻，因为"一鼓作气，再而衰，三而竭"，三次击鼓后，齐军的勇气就已经枯竭了。最后齐军果然大败。

春 日

[宋] 朱熹

sì
胜日寻芳泗水滨，无边光景一时新。
等闲识得东风面，万紫千红总是春。

泗水：即现在的泗河，位于山东中部。

诗歌

糖醋黄河鲤鱼

山东名菜，将黄河鲤鱼油炸之后浇上糖醋汁而成。

九转大肠

即红烧大肠，据说因创始店家喜欢"九"而改名。

美食

葱烧海参

用海参和大葱一起烹制而成。

拔丝地瓜

炸熟的地瓜裹上融化的糖浆，用筷子夹起地瓜时会拉出很长的丝，故称"拔丝"。

泰山——会当凌绝顶，一览众山小

你是怎么认识泰山的？是杜甫的诗句，是陡如天梯的十八盘，还是壮美的云海日出？

泰山又名岱山、岱宗，位于山东省中部，泰安市境内，是五岳之首，山体雄伟壮观，景色秀丽。春秋时期，孔子"登东山而小鲁，登泰山而小天下"，说的是孔子登上东山，觉得鲁国变小了；登上泰山，觉得整个天下都变小了，足见泰山之豪迈、雄奇。

现在登上泰山，还可以看到与孔子相关的古迹。

孔子登临处

在我国神话中，盘古开天辟地，死后头部化为泰山。我国传统文化认为，东方是万物交替、初春发生之地，所以在五岳之中，身为东岳的泰山，虽然不是海拔最高的，却被视为五岳之首，享有"五岳独尊"的称誉。

大汶口文化遗存

泰山是黄河流域古代文明的发祥地之一。早在40万年前，泰山周围就已经有人类活动了。距今约五六千年前，泰山南麓出现大汶口文化，北麓出现龙山文化，反映出早期黄河流域氏族部落的活动状况。

齐长城

战国时期，为了防御楚国，齐国沿泰山山脉，直达黄海边，修筑了长约500千米的长城，是我国尚有遗存、年代最早的古长城。

岱庙

又称东岳庙，位于泰山南麓，是供奉泰山神灵、举行封禅大典的场所。

进入秦汉之后，泰山逐渐成为政权的象征。相传远古时代就有72位首领来这里巡狩祭祀，自秦以来，又有12位帝王来此封禅（shàn）朝拜。封禅是一种皇帝受命于天的典礼，"封"指在山顶祭天，"禅"指在山脚祭地。秦始皇是历史上第一位真正举行封禅大典的皇帝，他在统一天下后的第三年（公元前219年），亲自率领文武百官到泰山封禅、刻石纪功。

历代帝王祭天告地，儒家释道、传道、受经，以及众多文人名士攀登览胜，为泰山留下了琳琅满目的碑刻、摩崖（在天然崖壁上刻字）、楹联石刻等，这些统称为"泰山石刻"。泰山石刻现存1500余块，具有极高的历史、科学、艺术价值，被誉为"天然石刻博物馆"。

哇，这么多石刻！咱们也刻个字纪念一下吧！

不可以破坏文物！拍照纪念就够了！

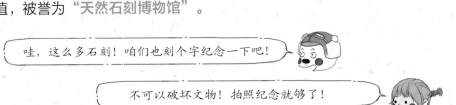

碧霞元君是北方民间广为信仰的道教女神。泰山是碧霞元君的道场，上面建有碧霞祠。

千百年来，泰山以巍峨雄壮的气势震慑着历代统治者，也为无数文人名士提供了创作灵感。有机会一定要亲自登上泰山，体会"会当凌绝顶，一览众山小"的感觉哦！

望岳

唐 杜甫

岱宗夫如何？齐鲁青未了。造化钟神秀，阴阳割昏晓。荡胸生曾云，决眦入归鸟。会当凌绝顶，一览众山小。

碧霞元君

石敢当

泰始皇泰山封禅

河南省

🚩 简称：豫

🏙 省会：郑州

河南是中国古代"九州"中的"豫州"，因此简称"豫"。它见证了中华文化的发展变化，有着丰厚的文化底蕴和众多古迹。

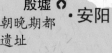

后母戊鼎
迄今出土的世界上最大、最重的青铜器，出土于安阳

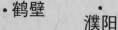

彩绘鹳鱼石斧图陶缸
仰韶文化的代表，已有6000多年历史

道口烧鸡

殷墟 ♁
商朝晚期都城遗址

·安阳

·鹤壁

濮阳

甲骨文
殷墟出土了大量刻有古文字的龟甲和兽骨

太极拳
焦作市温县陈家沟是陈氏太极拳的发源地

·云台山

·焦作

·新乡

黄 河

·王屋山

·仰韶文化遗址

·三门峡

→白马寺

·洛阳

◎郑州

开封

豫剧

函谷关

洛 河

龙门石窟 ♁

少林寺·♁ "天地之中"

汴绣
中国十大名绣之一，因生产于北宋都城汴京（今开封）而得名

·商丘

▲老鸦岔
2414米

唐三彩

洛阳牡丹

中岳嵩山

嵩山

许昌·

应天书院

丹 江

河洛大鼓
河南传统地方曲种之一

平顶山

luò
漯河

·周口

贾湖骨笛
出土于贾湖遗址，距今9000~7800年，是我国目前发现年代最早的乐器实物

嵩阳书院
中国古代四大书院之一，因位于嵩山之阳（嵩山南麓）而得名

·贾湖遗址

汝窑

宋代五大名窑之一

丹江口水库

南阳

驻马店

淮 河

老子
今周口鹿邑人，春秋时期思想家，道家学派创始人和主要代表人物

传说老子骑青牛过函谷关，有紫气从东而来，后人于是用"紫气东来"表示吉兆。

骑牛？骑熊才威风呢！

南阳恐龙蛋化石群
中国发现年代最早的恐龙化石群，被称为"世界第九大奇迹"

信阳

信阳毛尖
中国十大名茶之一，被誉为"绿茶之王"

最高峰：老鸦岔。
最大的人工湖：丹江口水库。
主要河流：黄河、淮河等。
气候：大陆性季风气候，冬季寒冷干燥，夏季高温多雨，春季风沙大，秋季晴和日照足，四季分明。

音频更精彩

龙门石窟
中国四大石窟之一，开凿于北魏孝文帝年间。

景点

白马寺
佛教传入中国后兴建的第一座官办寺院。

历史

河南向来有中原、中州之称，是中华民族的重要发祥地之一。4000多年前，这里出现了我国历史上第一个王朝夏朝。从夏到北宋，先后有20多个朝代建都或迁都于河南，它成为中国政治、经济、文化中心的时期很长。我国八大古都，河南就有四个，即安阳、洛阳、开封、郑州。

人物

玄奘
今洛阳偃师人，唐代著名高僧，曾西行至印度取经，是《西游记》中唐僧的原型。

张仲景
今南阳邓州人，东汉末年著名医学家，被尊为"医圣"。

庄子
今商丘人，道家学派的主要代表人物之一。

战役

官渡之战
东汉末年，曹操与袁绍在官渡（今郑州中牟县东北）展开战略决战。曹操奇袭袁军粮仓，使袁军丧失斗志，继而击溃袁军主力。这一战奠定了曹操统一中国北方的基础，是以弱胜强的著名战役之一。

诗歌

春夜洛城闻笛
[唐] 李白

谁家玉笛暗飞声，散入春风满洛城。
此夜曲中闻折柳，何人不起故园情。

洛城：今洛阳。

典故

愚公移山
传说愚公不畏艰难，移走了堵在家门口的太行山和王屋山。

洛阳纸贵
西晋时，人们争相传抄左思的《三都赋》，竟使得纸张短缺，纸价就贵了起来。

美食

河南烩面
一种类似宽面条的面食，辅以高汤和多种配菜。

炒三不沾
用鸡蛋、淀粉、白糖加水炒制而成，不粘盘子、不粘筷子、不粘牙齿，因此得名。

鲤鱼焙面
由糖醋熘鱼和焙面两道名菜配制而成。

胡辣汤
起源于河南的特色早餐小吃。

少林寺——天下功夫出少林

很多小朋友都有一个大侠梦，希望自己武艺超群，仗剑走天涯，但那毕竟是小说里的世界。在现实生活中，确实有**一个武功高手云集的地方**，那就是以功夫名扬天下的千年古刹——少林寺。

从前有座山

五岳的中岳嵩山，位于河南省中部，登封市西北面，主体分为少室山和太室山两部分。古诗云："**嵩高维岳，峻极于天。**"嵩山自古就被认为是神灵出没、仙人得道的圣地，汉晋以来，佛教、道教就已经在这里传播了。千百年来，这里寺庙林立，少林寺是其中的一座。

山里有座庙

少林寺始建于495年，**北魏孝文帝为了安顿来朝的印度僧人跋陀**，准备为他建造一座佛院。古往今来，嵩山的寺庙大多建在太室山南麓，唯独少林寺建在少室山北麓，这是为什么呢？原来啊，这位跋陀师父喜欢安静的地方，向往丛林幽谷，因此孝文帝便将寺庙修在了少室山北麓的丛林之中，"**少林者，少室之林也**"，少林寺的名字也由此而来。

少林寺内树木成林，环境清幽，原来也是这个原因啊！

空气真清新，我也喜欢这样的地方！

庙里有个老和尚

527年，北魏孝明帝时期，又有一位西域名僧来到了少林寺，他便是被后世尊为禅宗初祖的**菩提达摩**。菩提达摩在跋陀开创的基础上，广集信徒，传授禅宗，寺院的规模逐渐扩大，僧侣日益增多，**少林寺逐渐成为禅宗祖庭**。

菩提达摩

● 南天竺人或波斯人，将佛教禅宗带入中国，是中国禅宗的开创者。

少林功夫甲天下

传说，少林功夫的开始，是跋陀与菩提达摩在传经修行期间，为了活动久坐的腰骨，摸索总结出来的拳法，经过后人不断融会贯通，形成武功套路。根据少林寺流传下来的拳谱记载，历代传习的少林功夫有数百套之多，另有**七十二绝技、擒拿、格斗、卸骨、点穴、气功**等门类独特的功法。

> 哼哼哈嘿！阿朵朵，看我来打一套"熊拳"！

> 哈哈哈，你要上演"功夫白熊"吗？

十三棍僧救唐王

少林寺在北周灭法活动中受到重创，寺庙一度被废。隋朝建立后，**隋文帝崇信佛教，恢复少林寺**，并赐予良田百顷。后来，隋末大乱，拥有庞大寺产的少林寺反而成了山贼盗财的目标，于是少林寺僧侣开始与山贼作战。

唐初，**少林寺十三棍僧**因为帮助李世民统一天下有功，在李世民登基做皇帝后受到厚赏，少林寺从此名扬天下，被誉为**"天下第一名刹"**。

● 著名电影《少林寺》，讲的就是十三棍僧救唐王的故事。

少林寺塔林

塔林位于少林寺西侧山坡上，大多是少林寺历代高僧的坟墓。这些僧侣圆寂后，骨灰被放入地宫，然后在上面造塔。**少林寺塔林现存砖塔246座**，是中国佛教道场中现存规模最大、数量最多的塔群。

塔林

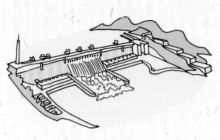

三峡大坝

世界上规模最大的水利枢纽工程，分布在重庆市到湖北省宜昌市的长江干流上，大坝位于宜昌，长2000多米，横跨在长江上

屈原的爱国精神，真令人敬佩！

现在人们过端午节、吃粽子，就是为了纪念他。

长太息以掩涕兮，哀民生之多艰。

苦荆茶

屈原

今宜昌秭归人，春秋时期楚国诗人，楚国郢都被破后投江自尽

湖北省

🚩 简称：鄂

🏢 省会：武汉

湖北省因地处洞庭湖以北而得名，为春秋时期楚文化的代表地区。这里有东坡"文赤壁"和三国战场"武赤壁"，有武当山，还有壮观的三峡大坝。

十堰·

丹江口水库

武昌鱼

⚲武当山古建筑群

三国时诸葛亮的故居

↳古隆中·

汉

·襄阳

小龙虾

酱鸭脖

端公舞

起源于楚宫廷舞，已有2000多年历史，被誉为楚文化的"活化石"

·神农架林区↗

中国唯一以"林区"命名的县级行政区

东坡赤壁

又称"文赤壁"，因苏轼的《赤壁赋》而闻名于世

⚲神农架

神农顶3106.2米

·屈原故里

⚲明显陵

·荆门 江

孝感

·随州

音频更精彩

恩施·

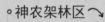

中华鲟

中国特产的珍稀鱼类，是世界上最大的淡水鱼之一

三峡大坝·

·中华鲟鱼馆

宜昌

长

荆州·

jì

白鱀豚

我国特有的一种淡水鲸，仅产于长江中下游水系，有"水中大熊猫"之称

武汉

·黄鹤楼 ·黄冈

鄂州

·黄石

江

⚲唐崖土司遗址

湖北贝母

宜昌百合

·白鱀豚自然保护区

洪湖

咸宁·

三国赤壁

又称"武赤壁"，是赤壁之战发生的地方

黄石国家矿山公园

有"亚洲第一天坑"之称

曾侯乙编钟

1978年出土于随州，是我国迄今发现数量最多、保存最好、音律最全、气势最宏伟的一套编钟

荆州古城墙

始建于东汉时期，是我国现存的四座保存最为完整的古城墙之一

越王勾践剑

春秋时期越王勾践的配剑，出土于荆州，剑身上镀铬，千年不锈

最高峰：神农顶。
最大的湖泊：洪湖。
主要河流：长江、汉江等。
气候：亚热带湿润季风气候，日照充足，雨热同期，四季变化明显。

武当山
道教名山，武当武术的发源地。

神农架林区
因传说神农氏曾在此搭架采药、尝百草而得名，是我国特有珍稀动物金丝猴的主要分布区。

听说神农架常有"野人"出没，不知道咱们会不会遇到。

遇到也不怕，我会保护你的！

历史

春秋战国时期，湖北属于楚国，西部是楚文化发源地，东部大部分被沼泽覆盖，是历史上著名的"云梦泽"。秦朝统一全国后，为避秦始皇父亲名讳，将楚改称荆山之"荆"，此后湖北又称荆州，合称荆楚。三国时期，湖北是蜀汉和吴国必争之地。北宋末年，由于中原人口南迁，湖北地区逐渐繁荣，成为重要的粮食产地。

人物

李时珍
今黄冈人，明朝著名医学家，著有《本草纲目》。

孟浩然
今襄阳人，唐朝著名诗人。

战役

赤壁之战
208年，曹操率领大军南下，在长江赤壁（今赤壁市境内）与孙权和刘备的大军进行了一场大战。孙权和刘备联军采用火攻战术，大破曹军的连环船，曹操落荒北撤。这场战役奠定了孙、曹、刘三国鼎立的局面。

黄鹤楼送孟浩然之广陵
[唐] 李白

诗歌

故人西辞黄鹤楼，烟花三月下扬州。
孤帆远影碧空尽，唯见长江天际流。

三顾茅庐
207年，驻军新野（今河南南阳新野县）的刘备，三次到隆中（今湖北襄阳古隆中）拜访诸葛亮，前两次都没见到，第三次才终于相见。此后，诸葛亮出山，成为刘备的军师，后世用"三顾茅庐"来形容求贤若渴。

典故

美食

热干面
武汉著名小吃，面条辅以芝麻酱、葱花、辣椒等干拌而成。

鱼糕
荆州传统名菜，古代是宫廷菜。

千张扣肉
五花肉切成薄片，用碗扣住蒸熟，因为肉片薄如纸，层数多，故名"千张"。

天门蒸菜
一道历史悠久的名菜，蒸法和菜品都很多。

黄鹤楼——白云黄鹤，天下绝景

"昔人已乘黄鹤去，此地空余黄鹤楼。黄鹤一去不复返，白云千载空悠悠。"小朋友，你听过这首诗吗？这是崔颢的《黄鹤楼》，因为将黄鹤楼美景描绘得淋漓尽致，被视为千古绝唱。

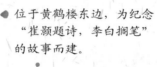

唐代诗人，其《黄鹤楼》被视为咏黄鹤楼律诗第一，被千古传诵。

崔颢

黄鹤楼位于武汉市武昌区，坐落在长江南岸，耸立于蛇山之巅，被誉为"天下绝景"，黄鹤楼与岳阳楼、滕王阁并称江南三大名楼，千百年来，不知有多少文人墨客像崔颢这样登楼览胜，抒发胸怀。

真没想到，我建的黄鹤楼会成为名胜。

孙权

位于黄鹤楼东边，为纪念"崔颢题诗，李白搁笔"的故事而建。

搁笔亭

223年，三国时代，孙权为了"以武治国而昌"（武昌的名字由来），筑城为守，建楼以瞭望，这就是最初的黄鹤楼。唐朝，黄鹤楼逐渐从军事设施转变成著名景点，无数文人墨客到此游览，留下了许多脍炙人口的诗篇，其中以崔颢的《黄鹤楼》为最。据说李白也曾登上黄鹤楼，本想作诗一首，但当他看到崔颢的题诗，便发出"眼前有景道不得，崔颢题诗在上头"的感叹，随即作罢。

李白不是"诗仙"吗？为什么不另写一首？

可能李白也觉得崔颢的《黄鹤楼》已经很完美了吧！

如此美景，却被人先写了出来。要是我早点来就好了。

李白

黄鹤楼如诗如画，风景绝美，却命运多舛。历史上，由于战火频繁，黄鹤楼屡建屡废，仅在明清两代就被毁了7次，重建和维修了10次。现在我们看到的黄鹤楼，也并不是黄鹤楼原楼，而是在1985年重建的。新楼以清代同治楼为蓝本，层层飞檐，如黄鹤展翅，尽显飘逸之美。

黄鹤楼

唐 崔颢

昔人已乘黄鹤去，
此地空余黄鹤楼。
黄鹤一去不复返，
白云千载空悠悠。
晴川历历汉阳树，
芳草萋萋鹦鹉洲。
日暮乡关何处是？
烟波江上使人愁。

说到这里，可能会有小朋友会好奇，听说过白鹤、灰鹤、丹顶鹤，为什么偏偏是"黄鹤楼"呢？关于黄鹤楼名字的由来，有很多版本，一说曾有仙人驾黄鹤经过这里，因此得名；一说当地有家辛氏酒楼，一个道人在酒楼的墙上画了一只跳舞的黄鹤，店家从此生意兴隆，十年后道人再来，用笛声招下黄鹤，乘鹤飞去，辛氏于是出资建楼。

这些传说很有意思，不过黄鹤楼名字的真正由来，其实是因为它建在黄鹄山（蛇山别称）上，古代"鹄""鹤"互为通用，故名"黄鹤楼"。

如今，黄鹤楼已经成为武汉市的地标建筑，耸立在连绵的翠峰之间，俯瞰着悠悠江水。有机会一定要亲自登上顶楼，看一看诗人眼中的绝美盛景哦！

天门山盘山公路

全长10.77千米，共计99个弯，落差达1100米，被誉为"天下第一公路奇观"

▲壶瓶山
2099米

安化黑茶

君山银针茶

中国名茶之一，产于洞庭湖中的君山

长　　江

岳阳楼·岳阳

洞庭湖

dān
素纱禅衣

♁武陵源

湖南省

🚩 简称：湘

🏙 省会：长沙

　　湖南省因地处洞庭湖以南而得名。张家界的峰林，青葱的岳麓山，令人神往；岳阳楼上的诗词歌赋，汨罗江里的千古悲歌，令人动容。这就是湖南！

·张家界
·天门山

老司城遗址

·常德

·桃花源

相传为陶渊明《桃花源记》的原型地

·汨罗江
屈原投江殉国处

沅
江

·吉首

益阳·

岳麓书院·

长沙

·马王堆汉墓

西汉时期的墓葬，出土了《城邑图》、素纱禅衣等3000多件文物

·**南方长城**

又称苗疆长城，全长190千米，建于明朝

·怀化

资
水

娄底·

湘潭·

·株洲

墓T型帛画
马王堆一号汉

四羊方尊

商代青铜器，出土于长沙市宁乡县，是商代方尊中现存最大的一件

　湘西草鞋

沅
江

·衡山

木芙蓉

湖南境内广植木芙蓉，自古有"芙蓉国"之称

·邵阳

剁辣椒

衡阳·

杂交水稻

靖州杨梅

岚山♁

·永州

湘
江

花鼓戏

苗族

湘绣

与苏绣、粤绣、蜀绣合称"中国四大名绣"

江永女书

世界上唯一的女性专用文字，主要流行在永州市江永县

chēn
郴州

水竹凉席

最高峰：壶瓶山。
最大的湖泊：洞庭湖。
主要河流：长江、湘江、沅江、资水等。
气候：亚热带湿润季风气候，热量丰富，降水充沛，冬冷夏热，四季分明。

tī
锑矿

湖南是"有色金属之乡"，钨、铋（bì）、锑储量居全国之首

天麻

音频更精彩

20

人物

曾国藩
今娄底人，晚清名臣，平定了太平天国。

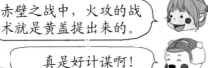
赤壁之战中，火攻的战术就是黄盖提出来的。

真是好计谋啊！

黄盖
今永州人，东汉末年孙坚麾下将军，东吴三朝元勋。

齐白石
湘潭人，近现代中国国画大师，尤其擅长画虾。

湖南在夏、商、西周时为荆州南境，在春秋战国时期属于楚国。唐代宗时期，在衡州置湖南观察使，中国行政区划史上从此开始有"湖南"之名。北宋时，由于洞庭湖的大规模开发，湖南在全国的地位急速提升，当时全国有四大书院，湖南拥有两个。清世宗时期，湖南正式成为省级行政单位。

战役

鄱阳湖之战
元朝末年，朱元璋和陈友谅决战鄱阳湖。朱元璋趁陈军久攻坚城受挫，分兵据守鄱阳湖口，先断其退路，继而巧用火攻，歼其主力，最后又水陆截击，全歼陈军。鄱阳湖之战以朱元璋全面胜利告终，也是我国水战史上以少胜多的著名战例。

衡山
"五岳"中的南岳，是著名的佛教、道教圣地。

传说

祝融峰传说
祝融峰是衡山的最高峰，名字来源于火神祝融。相传人类发明钻木取火，却不会保存和使用火，祝融与火亲近，于是黄帝命他管火。祝融熟悉南方事物，黄帝又封他为司徒，主管南方事务。祝融住在衡山，死后也葬在衡山。人们为了纪念他，将衡山最高峰命名为祝融峰。

景点

岳阳楼
江南三大名楼之一，因范仲淹的《岳阳楼记》而名扬天下。

诗歌 望洞庭

[唐]刘禹锡

湖光秋月两相和，
潭面无风镜未磨。
遥望洞庭山水色，
白银盘里一青螺。

洞庭：即洞庭湖。"山水色"中的山，指洞庭湖中的君山。

美食

湘西外婆菜
用腌制的大头菜、萝卜、豇豆等加辣椒炒制而成。

长沙特色小吃，颜色墨黑，鲜而香辣。

长沙臭豆腐

剁椒鱼头
用大鱼头辅以湖南特色剁辣椒蒸制而成。

小炒肉
用五花肉和青椒、红椒等炒制而成。

岳麓书院
中国四大书院之一，建于宋代。

武陵源——奇峰秀水，人间仙境

武陵源景区入口

什么样的地方，既有仙人隐居的传说，又有人间的烟火气？位于湖南省西北部，武陵山脉腹地张家界市境内的武陵源，被诗人们称赞为"**仙凡共界武陵门，峡刲（kuī）翠叠溪连瀑**"，是人世间难得的仙境。

武陵源由**张家界森林公园以及索溪峪、天子山、杨家界三个自然保护区**组成，有3000多座形状奇异的山峰、800多条溪涧，素有"奇峰三千、秀水八百"之美誉。

张家界国家森林公园

张家界又名青岩山，地处武陵山中，是**中国第一个国家森林公园**。张家界地貌奇特，有石峰2000多座，形态各异，树木茂盛，区内景点众多，尤以黄狮寨、砂刀沟、金鞭岩、金鞭溪等最为著名。

● 天子山海拔最高1262.5米，最低534米，被称为"峰林之王"。

天子山

天子山风景区

天子山风景区位于武陵源北，**因南宋末年土家族领袖向大坤自号"向王天子"而得名**。区内的景点也大多与此有关，如天子洲、宝剑峰、龙椅岩等。

娃娃鱼

金鞭溪

● 因流经金鞭岩而得名，泉水蜿蜒，清澈见底。

金鞭溪里很可能住着娃娃鱼哦！

真的吗？我要找娃娃鱼一起玩！

杨家界风景区

杨家界是1992年在张家界西北角新发现的景区。相传北宋时，杨家将围剿向王天子，曾在天子山安营扎寨，因为战争旷日持久，**杨家将士在这里繁衍后代**，于是这里就成了"杨家界"。直到现在，杨家界还保存着《杨氏族谱》和明清两个朝代的杨家祖墓呢！

索溪峪风景区

索溪峪，**土家语为"雾大的山寨"**，这里汇聚了湖瀑、溶洞、森林、云海、峡谷等多种风景，主要景观有黄龙洞、宝峰湖、西海、十里画廊、索溪湖等。

黄龙洞

● 全长7.5千米，各种石乳、石笋、石柱等琳琅满目，美不胜收，有"地下迷宫"的美称。

 这些石钟乳真的是由水一滴一滴沉淀而成吗？那得需要多少年啊！

 反正不是人和熊的生命长度可以比的啦！

武陵源的珍稀动物

武陵源地形复杂，气候温和，森林茂密，拥有多种国家保护动物，如云豹、金钱豹、猕猴、穿山甲等。俗称"娃娃鱼"的大鲵，也遍见于潭水溪流中。

金钱豹

猕猴

穿山甲

● 武陵源以石英砂岩峰林峡谷地貌为主，数以千计的石峰构成一望无际的峰林，远远望去，渺渺茫茫，气势磅礴。

黄飞鸿
今佛山人，中国武术界的一代宗师

是黄飞鸿！我看过他的电视剧！

快跟大师学两招，离你的"功夫白熊"梦就不远啦！

潮州工夫茶

糯米鸡

广式点心

叉烧包
肠粉

广东省

🚩 简称：粤

🏢 省会：广州

广东省位于中国大陆南部，是中国通往东南亚、大洋洲等地区的最近出海口。这里可以让人感受到时代发展的日新月异，是个充满活力的地方。

石坑崆 kōng
1902米

丹霞山

韶关

满堂客家大围

梅州千佛塔

梅州

音频更精彩

北乡马蹄

北

新丰江水库

东

火龙果

粤剧

潮州

揭阳 · 汕头

端砚
肇庆特产，是我国四大名砚之一

清远

江

广州塔
黄埔军校旧址

广州 ⊙

珠

荔枝

江

佛山 · 东莞 惠州

肇庆

云浮

江

汕尾

阳江小刀
阳江市传统名牌产品，在我国有"小刀王"之誉

开平碉楼与村落

江门 · 中山

珠海

珠江口

深圳

汕尾渔歌

昵称"小蛮腰"，塔身主体高454米，天线桅杆高146米，总高度600米，是我国第二高塔，仅次于上海中心大厦

广州塔

湛江炭烧生蚝

· 阳江

万山群岛 担杆列岛

茂名 ·

川山群岛

翡翠贻贝

凤凰木
世界上色彩最鲜艳的树木之一

东 沙 群 岛

南

海

湛江 ·

北部湾

琼州海峡

醒狮
舞狮的一种

客家姑娘

黄埔军校
近代中国最著名的军事学校

海南岛

最高峰：石坑崆。
最大的人工湖：新丰江水库。
主要河流：珠江、西江、北江、东江等。
气候：亚热带湿润季风气候，气候温和，雨量充沛，夏长冬暖。

景点

梅州千佛塔
有一千多年历史的古铁塔，因四面共铸有一千座佛而得名。

满堂客家大围
广东省最大的客家围屋之一，占地13000多平方米，被称为"岭南第一围"。

秦朝以前，广东是岭南百越人聚居之地，称为"百越之地"。秦始皇占领岭南后，划广东为南海郡。秦朝灭亡后，赵佗在南海郡建立南越国，后被汉武帝所灭。唐朝末年，南汉国在岭南立国，后被宋太祖灭亡。1842年，《南京条约》签订，清政府被迫割让香港岛给英国，开放广州、福州、厦门、宁波、上海为通商口岸。

人物

袁崇焕
今东莞人，明末抗清名将。

孙中山
今中山人，中国民主革命的先驱。

洪秀全
今广州人，清末太平天国运动领袖。

战役

五羊传说

相传古时广州连年旱灾，民不聊生。有一天，忽然来了五位骑着仙羊、手执稻穗的仙人，他们把稻穗分给人们种植，五只仙羊也化为石羊留在人间。此后广州风调雨顺，五谷丰登。因此，广州别称为五羊城、羊城、穗城。

传说

第一次鸦片战争

1840年，第一次鸦片战争在广州爆发。战争因鸦片而起，以英国远征舰队炮击广东九龙为起点，最后以清朝失败、签订《南京条约》告终。这场战争是西方国家对中国发起的第一次大规模战争，标志着中国近代史的开端。

惠州一绝 **诗歌**

[宋]苏轼

罗浮山下四时春，卢橘杨梅次第新。
日啖荔枝三百颗，不辞长作岭南人。

罗浮山：岭南名山，位于惠州，风景秀丽。

干炒牛河
用绿豆芽、河粉、牛肉等炒制而成。

美食

老火靓汤
又叫广府汤，用多种食材炖煮数小时而成。

白切鸡
又叫白斩鸡，因烹鸡时不加调味白煮而成、食用时随吃随切而得名。

云吞面
又叫馄饨面，馄饨和蛋面加入热汤而成。

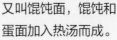

开平碉楼——用来打仗的房子

开平碉楼，位于广东省江门市开平市的乡村，是中国乡土建筑的一个特殊类型，是集防御、居住和中西建筑艺术于一体的多层塔楼式建筑，见证了当地华侨为了抵御土匪和天灾的努力和智慧。

开平碉楼产生于明朝后期，繁盛于19世纪末20世纪初。明朝时期，开平位于四县之间，为"四不管"之地，土匪猖獗，社会治安混乱，加上河流众多，每遇台风暴雨，洪涝灾害频发，当地民众被迫在村中修建碉楼以求自保，此时的碉楼是传统的砖木结构，地域特色鲜明。

后来，在第二次鸦片战争的影响下，广东大部分地区社会动荡，百姓的日子过得很不安稳。而此时，美国、加拿大等国的金矿开发、铁路建设、农业开发等，需要大量的劳动力。于是开平人一方面为了逃避社会动荡，一方面为了脱贫致富，开始大量走向海外。

19世纪，中国"金山客"在美淘金。

淘金者

随着19世纪70年代美洲各国"排华运动"的兴起，华侨在海外生存越来越难，因此很多人选择"落叶归根"，回国建设家乡，建房、买田、成家。由于开平地区土匪众多，经常有抢劫发生，所以具有防涝防匪之用的碉楼受到了华侨的格外青睐，大部分碉楼便是在这个时期修建的。

现在，开平共有碉楼1833幢，这些碉楼中西合璧，风格多样，颇为壮观。**碉楼的造型变化主要在于塔楼顶部，有中国式屋顶、中西混合式屋顶、古罗马式山花顶、穹顶等一百多种不同风格。碉楼下部的形式则大致相同，只有大小、高低的区别。**

碉楼的三种类型

碉楼根据功能不同，分为众楼、居楼和更楼，其中居楼最多。

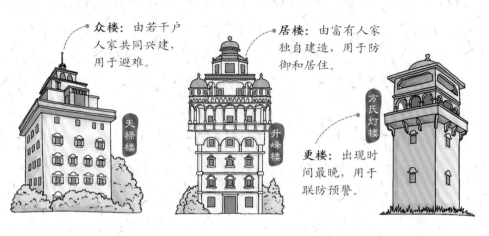

众楼：由若干户人家共同兴建，用于避难。

天禄楼

居楼：由富有人家独自建造，用于防御和居住。

升峰楼

方氏灯楼

更楼：出现时间最晚，用于联防预警。

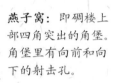

燕子窝：即碉楼上部四角突出的角堡。角堡里有向前和向下的射击孔。

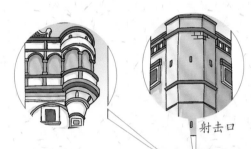

射击口

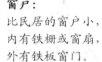

窗户：比民居的窗户小，内有铁栅或窗扇，外有铁板窗门。

碉楼为多层建筑，最高的有七层，矮的只有三层，但也比一般民居要高，便于防御。碉楼的墙体比普通的民居墙体厚实坚固，不怕匪盗凿墙或火攻。碉楼上部的四角各有一个角堡（俗称"燕子窝"），开有射击孔，可以居高临下地向敌人射击。

开平碉楼代表了中国华侨文化的特质，是中外文化交融的体现，将侨民文化浓缩成了一座座碉楼。当看到那战火纷飞年代催生的碉楼，我们更要感激如今的和平时光。

就像军事设施一样，简直坚不可摧！

怪不得叫"碉"楼呢！

广西壮族自治区

📍 简称：桂

🏛 省会：南宁

广西壮族自治区位于中国西南部，是中国唯一一个沿海的自治区。"桂林山水甲天下""半城绿树半城楼"，说的便是广西美景。

刘三姐

民间传说中的壮族歌手，有"歌仙"的美誉

"山歌好比春江水，不怕滩险弯又多"——你听过这首歌吗？

三江鼓楼

侗乡第一鼓楼，被誉为"世界第一鼓楼"

壮族

我国少数民族中人口最多的民族

猫儿山▲
2141米

灵渠·灵渠

广西肉桂

壮锦

桂林

乐业天坑群

世界上最大的天坑群

红
东兰

东兰墨米

·河池

柳州
柳侯祠

壮族铜鼓

·贺州

白头叶猴

世界上最稀有的猴类之一

巴马

·百色

水

河

巴马香猪

因肉质鲜香而逐渐传名为"香猪"

来宾

黔
江

梧州·

音频更精彩

贵港 郁

柳侯祠

始建于822年，为纪念唐代文学家柳宗元而修建

右
江

德天瀑布

亚洲第一、世界第四大跨国瀑布

左·崇左
♪花山岩画

yōng邕江 江

南宁

容县

·玉林

沙田柚

原产于玉林市容县，被誉为"柚中之王"

·灵山
中国荔枝之乡

酸品

广西特色小吃

·钦州

友谊关

中国和越南之间的重要关口，始建于西汉，是中国十大名关之一

防城港·

·北海
北海银滩

合浦南珠

北海特产，历代都视之为国宝

涠洲岛
斜阳岛

最高峰：猫儿山。

最大的岛屿：涠洲岛。

主要河流：红水河、郁江、浔江、柳江、湘江等。

气候：亚热带湿润季风气候，降水丰沛，雨热同季，冬短夏长。

琼州海峡　　南海

北 部 湾

灵渠

位于桂林兴安县境内，开凿于秦代，是世界上最古老的运河之一。

景点

北海银滩

位于北海最南端，有滩长平、沙细白、水温净、浪柔软、无鲨鱼等特点，是优良的天然海水浴场。

历史

广西最早的原住民称百越，壮族就是古代百越中的一支。秦始皇统一中国后，广西分属桂林郡、南海郡和象郡。唐朝时，设岭南西道，包含现在的广西、广东、海南等地。宋朝时，将岭南道分为广南东路和广南西路，广南西路基本为现在的广西，"广西"之称也由此而来。中华人民共和国成立后，建立了"广西僮族自治区"，后改名为"广西壮族自治区"。

石达开

今贵港人，太平天国主要将领之一。

人物

秦攻百越之战

公元前219年，秦始皇集结50万大军，兵分五路南下攻打岭南（包括今广东、广西等地区）。经过四年多的战斗，秦朝最终征服了百越各部，统一了岭南，在岭南设置了南海、桂林、象郡三郡。

战役

柳宗元

唐代著名文学家，山西人，曾在柳州任刺史，病逝于柳州。

典故

合浦珠还

东汉时，合浦郡（今北海市合浦县境内）盛产珍珠，百姓多以采珠为生，贪官污吏趁机盘剥，导致珠民大肆捕捞，珠蚌产量越来越低，饿死了很多人。汉顺帝派孟尝做合浦太守，革除弊端，不准滥捕，不到一年，合浦又盛产珍珠了。后人用"合浦珠还"比喻东西失而复得或人去而复回。

诗歌

登柳州城楼
寄漳汀封连四州

[唐] 柳宗元

城上高楼接大荒，海天愁思正茫茫。
惊风乱飐芙蓉水，密雨斜侵薜荔墙。
岭树重遮千里目，江流曲似九回肠。
共来百越文身地，犹自音书滞一乡。

八仙粉

南宁特色小吃，因有八种味道相辅相成、如"八仙过海"而得名。

柳州螺蛳粉

柳州小吃，特点是用螺蛳熬制的汤料。

美食

柠檬鸭

南宁武鸣一带的特色菜肴，用酸柠檬煮食是壮族的饮食文化特色。

桂林米粉

桂林小吃，米粉搭配笋尖、花生、酸豆角等。

桂林山水——水绕青山，秀甲天下

"桂林山水甲天下"，千百年来，桂林山水令无数文人墨客挥毫泼墨，也令无数人陶醉其中。

中国大陆的西南角，埋藏着一片广袤的石灰岩，涵盖粤、桂、湘、黔、川、云、渝、鄂八省，总面积达55万平方千米。这里绝大多数的美景都被险山急水所淹没，唯有占比不足二十分之一的桂林，山清水秀，一枝独秀，闻名天下。

桂林以山水著称，但我们所熟知的"桂林山水"，其实并不仅指山和水，而是对桂林美景的总称。桂林山水除了山和水，还有溶洞、古迹和石刻等，所谓**"山青、水秀、洞奇、石美"**，桂林的美景，可是数都数不完呢！

大象跑到水里了！

象鼻山是桂林的市徽哦！

桂林市徽

桂林是一座有着两千多年历史的古城。秦始皇统一天下后，在这里设置桂林郡，开凿灵渠，沟通了湘江和漓江，桂林从此便成为南通海域、北达中原的重镇。宋代以后，桂林一直是广西政治、经济、文化的中心，号称**"西南会府"**。

● 桂林还有许多奇形怪状的山，看这座象鼻山，像不像大象在喝水？

象鼻山

青山

"江作青罗带，山如碧玉簪（zān）。" 桂林以喀斯特地貌的石灰岩为主，所以这里的山多为石山，青翠秀丽，如诗如画。

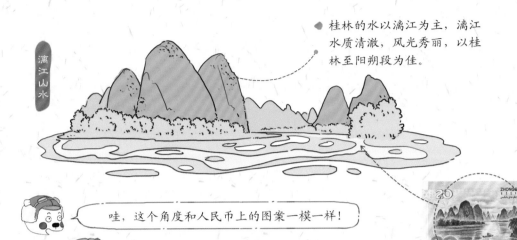

漓江山水

桂林的水以漓江为主，漓江水质清澈，风光秀丽，以桂林至阳朔段为佳。

秀水

桂林的山离不开水，因为山需要水的衬托，水也需要山的点缀，山水结合，相辅相成，从而形成了"水绕青山山绕水，山浮绿水水浮山"的独一无二的美景。

哇，这个角度和人民币上的图案一模一样！

当然啦！这是桂林至阳朔段的最美视角！

第五套人民币20元的背面图案，就取自漓江山水。

石刻

桂林的石刻有摩崖石刻和摩崖造像等，石刻广泛分布于市内各座山上，造像则主要分布在伏波山。刻在鹦鹉山上的宋代《静江府城池图》，是中国最早的城市地图之一。

奇洞

桂林的洞是喀斯特地貌的溶洞，洞内迂回曲折，众多奇特怪异的钟乳石、石笋等，构成了"大自然的艺术宫殿"。

桂林溶洞的代表——芦笛岩

桂林石刻

山水辉映，美不胜收！

我的眼睛都不够用了！

如诗如画的桂林山水，如遗落在人间的仙境，一定要在这里多待几天，好好感受它的美哦！

送桂州严大夫同用南字

唐 韩愈

苍苍森八桂，
兹地在湘南。
江作青罗带，
山如碧玉簪。
户多输翠羽，
家自种黄甘。
远胜登仙去，
飞鸾不假骖。

海南省

📍 简称：琼
🏛 省会：海口

海南省在中国的最南端，这里全年长夏无冬，有美丽的亚龙湾、原始的黎族村寨、无数的热带水果、绚丽的海上风光……

音频更精彩

北

琼 州 海 峡

部

我来自琼山，也就是现在的海口市琼山区。

海瑞
今海口人，明朝著名清官

海口

江

南

州

渡

岛

木兰灯塔
亚洲第一灯塔，塔高72.12米，沿海24海里内的船只可看到它

东坡书院 建于北宋，苏东坡曾谪居在此

椰汁

椰树

文昌 ·东郊椰林

酸豆树

黑冠长臂猿

金斑喙凤蝶

·儋州

海南孔雀雉

松涛水库

南

海南盛产椰子，有"椰岛"之称。

我喜欢喝椰汁！

南

番荔枝

昌 化 江

海

开 南 岛

南

河

·博鳌

万

泉

河

最高峰：五指山。
主要河流：南渡江、昌化江、万泉河等。
最大的人工湖：松涛水库。
气候：热带湿润季风气候，全年暖热，雨量充沛，长夏无冬。

菠萝蜜

海蛙

椰香高粱粑

五指山
1867米

船型屋
一种黎族民居建筑，外形酷似船篷

万宁

大洲岛

黎族打柴舞

南山海上观音
世界上最大的白衣观音三面立体造像

玳瑁大海龟

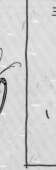
龙虾

白蝶贝

天涯海角

·三亚 ·亚龙湾

南湾猴岛
世界上唯一的岛屿型猕猴自然保护区

海

儋州· ·海口
三亚 南
·三沙
海
海南省全图

景点

万泉河

发源于五指山，沿河两岸是典型的热带雨林景观，有"中国的亚马孙河"之称。

天涯海角

三亚著名的海滨风景区，景区里有两块巨石，分别刻有"天涯""海角"。

五指山

位于海南岛中部，因峰峦起伏状如五根手指而得名，是海南第一高山，也是中国名山之一。

黄道婆

宋末元初棉纺织家、技术改革家，少年时曾流落海南岛。

钟芳

今三亚人，明代著名学者、政治家，被尊为"岭南巨儒"。

人物

历史

秦朝时，海南为象郡属地。隋文帝时，正式将海南岛纳入版图。唐太宗年间，增设琼州，这是海南简称"琼"的由来。宋朝时，海南岛属于广南西路，后在元朝并入湖广行省。明朝时，设琼州府，隶属广东省。清朝基本沿袭明制。现在的海南省于1988年建省，是中国五大经济特区之一。

典故

海瑞罢官

明朝时，内阁首辅徐阶之子徐瑛强占民女，还贿赂县令打死了女孩的祖父。时任应天巡抚的海瑞微服出巡，得知这件事后，查明真相，判处徐瑛死罪。徐阶买通权贵，意图翻案。海瑞不畏强权，断然将人犯斩首，然后交出大印，罢官归故里。

黎母山传说

黎族是海南人口最多的少数民族，自古将黎母山视为圣地。相传天上七仙女曾来黎母山游玩，其中一位仙女认为这里美丽富饶，适合人类生活，于是化为蛇产下一卵，后经雷公划破，跃出一位少女，号称黎母，从此黎族人诞生。

传说

诗歌

五指山

[明]丘濬

五峰如指翠相连，撑起炎荒半壁天。
夜盥银河摘星斗，朝探碧落弄云烟。
雨霁玉笋空中现，月出明珠掌上悬。
岂是巨灵伸一臂，遥从海外数中原。

美食

文昌鸡

文昌鸡、和乐蟹、加积鸭、东山羊并称海南四大传统名菜。

椰子饭

用糯米和天然椰肉、椰汁一同蒸制而成。

黎族竹筒饭

黎族传统美食，将大米和调味料放入竹筒并烤熟的饭食。

洛基粽子

咸鱼肉粽子，儋州洛基镇的著名小吃。

33

西沙群岛——美丽纯净的祖国之南

　　纯净的沙滩，碧蓝的海水，美丽富饶的西沙群岛引人遐思。数年前，西沙群岛开放旅游，我们也能踏上这片纯净海域去探索啦！

　　西沙群岛位于南海的西北部，属于海南省三沙市，是中国南部海上的四大群岛之一，在古代与中沙群岛等地合称"千里长沙"。

　　西沙群岛有21个岛屿、7个沙洲，还有10多个暗礁暗滩，陆地总面积约10平方千米。这些大大小小的岛屿漂浮在广阔的海面上，美丽而纯净。入选课本的《富饶的西沙群岛》是这样描述的："西沙群岛是南海上的一群岛屿，是我国的海防前哨。那里风景优美，物产丰富，是个可爱的地方……"

　　西沙群岛距离海南岛180多海里，人们可以从三亚出发，乘坐北部湾之星游轮，前往西沙群岛游玩。不过，出于对海域环境及生态的保护，并不是所有的岛屿都开放了旅游，所以去之前要做好攻略，了解注意事项哦！

西沙海洋博物馆

贝壳标本

永兴岛

　　永兴岛是西沙群岛的第一大岛屿，也是三沙市人民政府驻地。岛上风光旖旎，绿树成荫，还有我国唯一一个由军人创办的海洋博物馆——西沙海洋博物馆。

> 我最喜欢逛博物馆了！

> 这里有很多海洋生物的标本，帮助我们认识海底世界！

东岛

东岛位于永兴岛东面四五十海里的地方，面积不到1平方千米，却是鸟儿的乐园。鲣鸟、燕鸥、大凤头燕鸥等，数万只海鸟在这里栖息，所以东岛也被形象地称为"鸟岛"。

七连屿

七连屿，顾名思义，是七个大小不一、连在一起的岛屿，位于永兴岛西南方。这里海水晶莹剔透，沙滩绵白细洁，是最佳的潜水地。

七连屿无人居住，无法在岛上过夜，要注意游玩时间哦！

要离开了吗？我还想和小鱼们多玩一会呢！

石岛

石岛是西沙群岛中地势最高的岛，最高处海拔13米。石岛也是西沙群岛唯一的岩石岛，岛上没有高大的树木，只有裸露的岩石和低矮的草丛，"石岛"之名由此而来。石岛与永兴岛距离很近，两岛之间通过一道水泥桥相连，走在桥上，两边都是蓝蓝的海水，令人心旷神怡。

西沙群岛周围的海水十分洁净，能见度最高达40米，又有连绵数千米的珊瑚礁，是最佳的潜水地点。来到这里，一定要去探索美丽的海底世界哦！

川江号子

这是川江船工们为统一动作和节奏、一唱众和的民间歌唱形式

开着空调扇扇子

重庆有"火城"之称，有时温度达40℃以上

巴山木竹

五步蛇

亚洲著名毒蛇

城口县。

重庆市

> 简称：渝

重庆是长江上游最大的一座城市，为长江沿岸的重要港口城市之一。重庆是著名的火城和山城，也是一座美食之城。

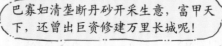

巴寡妇清垄断丹砂开采生意，富甲天下，还曾出巨资修建万里长城呢！

哇，女富豪，真厉害！

我是长寿人，是个寡妇，名清，巴是巴郡的意思。

巴寡妇清

战国末期巴郡人，中国最早的女企业家

胭脂鱼
生长于长江的"亚洲美人鱼"

阴条岭
2797米

巫溪县。

开州区

白帝城
巫山县

奉节县。

江

。云阳县

瞿塘峡

巫峡

。万州区

三峡橘海
万亩柑橘园

。梁平区

磁器口麻花

磁器口特产

。潼南区

嘉

。合川区

陵

铜梁区。

北碚区

。垫江县

忠县

石柱土家族
自治县

长江索道

位于重庆，是我国自行设计制造的大型跨江客运索道，被誉为"万里长江第一条空中走廊"和"山城空中公共汽车"

大足石刻 ⌂

。大足区

璧山区

长

。丰都县

bèi

江渝北区
江北区
渝中区

重庆
沙坪坝区
大渡口区
九龙坡区
巴南区

。长寿区

fú
涪陵区

石柱黄连
名贵中药材，石柱土家族自治县特产

小南海。

。黔江区

梁平竹帘

北宋皇家贡品，有"天下第一帘"之称

荣昌区。

。永川区

。江津区

榨菜
涪陵区被称为"榨菜之乡"

乌

。武隆区

彭水苗族土家族自治县

荣昌折扇

叶脉画

南川区。

qí
。綦江区

树叶上的绘画

武隆喀斯特

江

老腊肉
经过特殊传统工艺精心熏制而成

酉阳土家族苗族自治县

吊脚楼

苗族、侗族、土家族等少数民族的传统民居

最高峰：阴条岭。
最大的人工湖：长寿湖。
主要河流：长江、嘉陵江、乌江等。
气候：亚热带湿润季风气候，冬暖夏热，雨量充沛，空气湿润，多云雾。

秀山土家族苗族自治县

土家族

音频更精彩

瞿塘峡
qú

又称夔（kuí）峡，长江三峡之一，以雄奇著称。

景点

白帝城

西汉公孙述建造，许多诗人都曾在此作诗，被誉为"诗城"。

小南海

中国保存较为完整的一处古地震遗址，有"深山明珠"之称

历史

诗歌

早发白帝城

[唐] 李白

朝辞白帝彩云间，
千里江陵一日还。
两岸猿声啼不住，
轻舟已过万重山。

战国时期，巴国先后在今重庆枳（今涪陵区）、江州（今渝中区）、垫江（今合川区）建都。公元前316年，秦国灭巴，后置巴郡。唐宋时，巴郡为楚州的一个辖区，隋文帝时改楚州为渝州，这是重庆简称"渝"的由来。北宋时，渝州改为恭州。1189年，南宋孝宗之子赵惇先被封为恭王，后即帝位，称为"双重喜庆"，遂升恭州为重庆府，重庆由此得名。

张仪

战国时期纵横家，担任秦国相国期间，灭蜀伐巴，后置巴郡，首筑江州城，可以说是重庆的建城之父。

人物

甘宁

今重庆忠县人，东吴名将。

典故

白帝城托孤

219年，蜀汉派关羽北伐曹操，遭孙吴倒戈，失去战略要地荆州，关羽也被吴军杀害。后来，刘备为了给关羽报仇，起兵伐吴，失败后退守白帝城，从此一病不起。223年，刘备在病危之际，将诸葛亮招到白帝城，将儿子阿斗，也就是后主刘禅托付给诸葛亮。

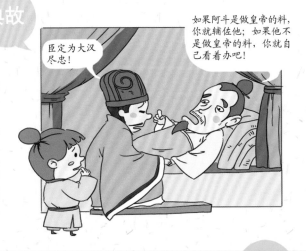

美食

毛血旺

以鸭血、毛肚、杂碎为主料的重庆特色菜。

重庆火锅

又叫毛肚火锅或麻辣火锅，原料主要有牛毛肚、猪黄喉、鸭肠等。

重庆小面

起源于重庆的特色小吃，以麻辣闻名。

酸辣粉

重庆、四川、贵州等地的特色小吃，主料为红薯粉。

大足石刻——会讲故事的宗教艺术画廊

大足石刻位于重庆市大足区，是对大足区境内以摩崖造像为主的石窟艺术的总称。

大足石刻最初开凿于初唐，历经晚唐、五代，盛于两宋，明清时期亦有所增刻，最终形成了规模庞大、集中国石刻艺术精华之大成的石刻群，其内容以佛教题材为主，堪称**中国晚期石窟艺术的代表**。

大足区原是大足县，设于唐代，取"大丰大足"的意思。这里地处山区，古代交通不便，因此避免了历代战争的浩劫和人为破坏，使大足石刻得以较好地保存下来。大足石刻共包括**石刻造像70多处，总计10万余尊**，其中**以宝顶山、北山、南山、石篆山、石门山五处最为著名**。

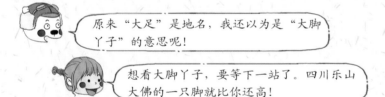

原来"大足"是地名，我还以为是"大脚丫子"的意思呢！

想看大脚丫子，要等下一站了。四川乐山大佛的一只脚就比你还高！

◆ 占壁面积88平方米，观音上方及左右两侧循岩刻千手千眼，如孔雀开屏，美轮美奂。

宝顶山千手观音像

修复千手观音像

宝顶山摩崖造像

开凿于南宋时期，创始人是南宋蜀中名僧赵智凤。宝顶山是佛教圣地之一，有"上朝峨嵋，下朝宝顶"之说。宝顶山石刻造像以大佛湾为中心，共有13处景观。

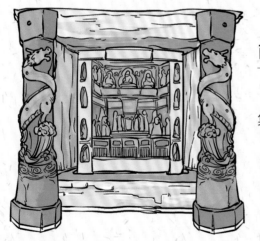

南山三清古洞

南山摩崖造像

这里是中国道教石窟造像最多、最集中，反映神系最完整的一处。

◆ 像高6.6米，宽4.8米，传递了佛教因果报应、生死轮回的思想。

宝顶山六道轮回图

北山摩崖造像

最早开凿于晚唐，共有摩崖造像万余尊，多为人们祈福出资雕刻，其中以观音像最为突出，被誉为"中国观音造像的博物馆"。

石篆山摩崖造像

典型的儒、释、道"三教合一"造像区，代表作品为刻有孔子坐像以及孔子十大弟子的"孔子龛"。

大足石刻与敦煌莫高窟、云冈石窟、龙门石窟齐名，但内容更加世俗化、生活化，更加"接地气"，如同一幅充满故事性的瑰丽画卷，值得我们细细品味。

石门山摩崖造像

主要为佛、道合一造像区，又以道教造像最具特色。

"养鸡女"的故事

在宝顶山地狱变相窟中，有一个恬静的"养鸡女"形象。相传，这个养鸡女的鸡不小心跑到佛堂大殿吃了贡品，僧人十分生气，认为养鸡是杀生，要下地狱，要工匠把养鸡女的形象刻在地狱变相窟中。工匠却认为农家养鸡没有错，于是把养鸡女刻画得美丽、善良，宛如菩萨。

● 释迦涅槃圣迹图

半身侧卧、神态安然的释迦牟尼佛，全长31米，身体的另一半掩藏在崖壁之中，形成了一种类似山水画的虚实相生的美感

四川泡菜

郫县豆瓣酱
成都市郫都区特产

黄河

九曲黄河第一弯

小米椒

九寨沟 ◌
黄龙 ◌
被誉为"人间瑶池"

大熊猫
中国特有的物种，主要栖息在我国中西部四川盆地周边的山区和陕西南部的秦岭地区，是我国国宝

川剧变脸

雅

金

川金丝猴

。马尔康

三星堆遗址

·广元
·光雾山
中国红叶第一山

嘉

·巴中

陵

·绵阳
·德阳
岷

·达州

四川大熊猫栖息地 ◌
四姑娘山 ◌
都江堰

江

南充

沙

龙

武侯祠 ◌
青城山 **成都**
杜甫草堂

遂宁

·广安

音频更精彩

川金丝猴

苏轼
今眉山人，北宋政治家、文学家，豪放派词人

康定。
贡嘎山 ▲
7556米

雅安·

眉山·
·资阳

四川麻椒

大

渡

乐山
内江

自贡恐龙博物馆

河

◌乐山大佛
峨眉山

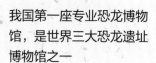

魔芋

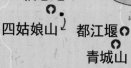
峨眉竹叶青

江

我国第一座专业恐龙博物馆，是世界三大恐龙遗址博物馆之一

四川麻将

。西昌

宜宾
酿酒业发达，有"中国酒都"之称

泸州

长

江

金

江

泸沽湖

攀枝花

沙

泸州油纸伞

四川省

▷ 简称：川、蜀

🏙 省会：成都

李白有诗云："蜀道难，难于上青天。"通往蜀中的道路虽难，但崎岖的地形却孕育出令人惊叹的风光。

蜀绣
中国四大名绣之一

·攀枝花
铁矿石储量丰富，有"西南钢都"之称

江

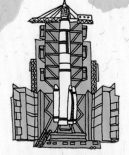
西昌卫星发射中心
组建于1970年，是我国四大航天发射中心之一

最高峰：贡嘎山。
最大的天然淡水湖：泸沽湖。
主要河流：长江、黄河、雅砻江、岷江、嘉陵江等。
气候：地跨我国东部季风区和青藏高原区，气候多种多样。

景点

都江堰
战国末期秦国蜀郡太守李冰父子组织修建的大型水利工程，两千年来一直发挥着防洪灌溉的作用。

九寨沟
中国第一个以保护自然风景为主要目的的自然保护区，被誉为"童话世界""水景之王"。

在大约商朝时期，四川地区出现了巴、蜀，尤其是以三星堆文明为代表的高度发达的古蜀文明。秦朝攻占蜀国后，设蜀、汉中两郡。汉献帝时，刘备入四川称帝。隋唐时期，四川地区社会安定，经济进入全盛时期。南宋时期，四川成为抵御金、蒙的大后方。明洪武年间，四川地区并入明朝版图。清朝时，设四川总督，总管四川省的军民政务。

人物

李冰
战国时期秦国人，任蜀郡郡守期间，主持修建了都江堰。

刘备
今河北人，221年在成都称帝，建立蜀汉政权。

薛涛
唐代女诗人，蜀中四大才女之一。

诗歌

春夜喜雨
[唐]杜甫

好雨知时节，当春乃发生。
随风潜入夜，润物细无声。
野径云俱黑，江船火独明。
晓看红湿处，花重锦官城。

锦官城：成都别称，蜀汉时曾在此设立专管织锦的官员，因此得名。

战役

当垆卖酒
lú

当垆卖酒就是临街卖酒的意思。西汉时期，才子司马相如仰慕临邛(qióng)富商之女卓文君，于是在宴席上弹奏了一曲《凤求凰》，打动卓文君，两人携手私奔。后来生活所迫，他们又回到临邛开了一家酒铺，卓文君当垆卖酒，司马相如打杂。富商知道后，被他们的真情感动，送给他们很多仆人和钱财。

典故

秦灭巴蜀之战
巴、蜀两国在今重庆、四川，巴与蜀不和，与苴(jū)国友好。公元前316年，蜀出兵伐苴，苴侯出奔巴国。巴国请求秦国出兵，秦惠文王于是派张仪、司马错出兵攻打蜀国，蜀国灭亡。但随后，秦国也灭掉了巴国、苴国，将巴蜀地区纳入了秦国版图。

美食

担担面
成都小吃，据说源于挑夫们在街头挑着扁担叫卖，因而得名。

龙抄手
成都小吃，"抄手"是四川人对馄饨的叫法。

夫妻肺片
以牛肉为主料，配以肺、心、舌等制作而成。

串串香
以竹签串上各种菜，放进滚烫的火锅中涮着吃。

乐山大佛——大江东去，佛法西来

乐山大佛全称"嘉州凌云寺大弥勒石像"，位于乐山市凌云山栖鸾峰的临江峭壁上，是世界上最高的大佛，也是世界上最大的弥勒佛坐像。

乐山大佛坐落在岷江、青衣江、大渡河三江交汇之处，"背负九峰、脚踏三江"，过往船只无不为其高大壮观所震撼。大佛是怎么来的呢？

> 交出善款！

> 自目可剜，佛财难得。

海通和尚

乐山大佛最初开凿于唐朝开元元年（713年），它所在的位置，是它存在的原因。传说古时这里由于三江汇流，水势凶猛，经常发生船毁人亡的惨剧。一位名叫海通的和尚于是决定在三江汇流处修建大佛，一来减缓水势，二来祈求神佛镇压水势、保佑平安。

大佛在开凿之初就收到了百姓的大量捐款，没想到，这些善款却引来了当地官员的觊觎，要海通交出善款。海通断然拒绝，说即使剜出自己的眼睛，也不会交出善款。官员不信他真的自剜双目，没想到海通毫不犹豫地挖出了自己的一只眼睛，官员吓得仓皇而逃，从此再也不敢来索要善款。

> 海通和尚真是个勇敢的人啊！

> 是啊，没有他就不可能有现在的大佛了。

当大佛修到肩膀的时候，海通就去世了，大佛的修造也曾一度中止。后来，大佛又经历了两位负责人，累计耗时约90年，直到贞元十九年（803年）才修造完成。

大佛刚建好时，外表涂有颜料，镶嵌着宝石，部分地方还贴着金箔。而且大佛也不是现在这样"露天"的，外面还有一座13层的木阁。现在这座木阁已经被完全损毁了，不过大佛两侧的岩壁上还有当时安置木阁梁柱的孔穴，依稀可以想象出当时木阁的影子。

● 初建成时覆盖在大佛外面的木阁

古时的工匠不仅修造了这座举世无双的大佛，还为大佛设计了一套巧妙的排水系统，用来减轻山水的冲蚀和风化作用。大佛头部的螺髻中、左胸和右臂后侧都有隐藏的排水沟，两耳之间还有左右相通的通风口……可以说，正是古人的智慧，使乐山大佛得以保存至今，让我们可以欣赏到它的伟岸风姿。

●乐山大佛的"大"数据
总高71米；
头长：11.96米；
颅宽：8.25米；
鼻长：3.2米；
耳长：左6.2米，
　　　右6米；
眉长：左2.88米，
　　　右2.9米；
嘴宽：3.5米；
左眼长：2.46米，
右眼长：2.45米；
颈高：1.65米；
肩宽：23.35米；
左手中指长：7.15米，
右手中指长：8.65米；
下半身长：21.25米；
左脚背宽：6.75米，
右脚背宽：6.85米；
头上共有1021个螺髻。

●大佛两侧的山体上，各有一尊护法天王像，高约16米。

●大佛右侧有一条窄窄的栈道，沿着栈道，可以从佛像脚部直达顶部。

乐山大佛

43

布福娜
美容长寿之果

贵州省

📖 简称：黔、贵

🏢 省会：贵阳

"天无三日晴，地无三尺平"，说的就是没有平原的贵州省。复杂的地形为贵州带来了多彩的喀斯特景观，还有叹为观止的黄果树瀑布和丰富的动植物资源。

瀑布、溶洞、杜鹃花海……贵州美景真多。

还有"中国天眼"。

重晶石

贵州重晶石储量占全国总量的三分之一

煤

贵州煤炭资源储量居全国前列，有"西南煤海"之称

赤水丹霞

• 赤水丹霞
• 丙安古镇

• 夜郎古城

苗族蜡染
古老的民间传统印染工艺之一

大方皱椒

• 茅台

○ 海龙屯土司遗址
• 遵义会议会址
遵义

○ 梵净山

苗家糯米饭

铜仁

茅台酒

刺梨

• 毕节

• 百里杜鹃

杜鹃面积125.8平方千米，被称为"世界上最大的自然花园"

○ 施秉喀斯特

▲ 韭菜坪
2900米

草海

• 织金洞
"中国溶洞之王"

苗族

• 六盘水

◎ 贵阳

侗族

黑叶猴

• 黑叶猴自然保护区

竹荪

凯里

黔金丝猴

• 安顺

○ 都匀

• 西江千户苗寨

黎平侗乡
中国最典型的侗乡

• 黄果树瀑布

500米口径球面射电望远镜
世界最大单口径、最灵敏的射电望远镜，被誉为"中国天眼"

北盘江

音频更精彩

荔波喀斯特 ○

○ 兴义

万峰林

南盘江

红水河

土司
元、明、清各朝在少数民族地区授予少数民族首领的世袭官职

张之洞
今兴义人，晚清名臣

最高峰：韭菜坪。
最大的天然淡水湖：草海。
主要河流：乌江、赤水河、南盘江等。
气候：亚热带高原湿润季风气候区，冬无严寒，夏无酷暑，多阴雨，四季不甚分明。

春秋时期，贵州境内有牂牁（zāng kē）国，后来又出现夜郎国。秦朝在贵州置郡，但夜郎国仍存在，直到西汉时期才灭亡。"贵州"名称始于宋朝，974年，土著首领普贵以所控制的矩州归顺，敕书中有"惟尔贵州，远在要荒"一语。明朝时，设贵州布政使司。清朝时，设贵州省。

人物

杨龙友
今贵阳人，名文骢(cōng)，字龙友，明代才子，诗书画堪称三绝。

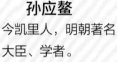

孙应鳌
今凯里人，明朝著名大臣、学者。

丁宝桢
今毕节人，晚清名臣，曾任山东巡抚、四川总督，深得民心。

景点

丙安古镇
历来为川盐入贵的驿站和商品集散地，被誉为"千年军商古城堡"。

西江千户苗寨
目前世界上最大的苗族聚居村寨。

万峰林
我国西南三大喀斯特地貌之一，被誉为"天下奇观"。

美食

洋芋粑粑
洋芋即土豆，织金小吃。

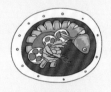

酸汤鱼
苗族、侗族传统菜肴，一般先做酸汤，然后将鱼放到酸汤中煮制而成。

花溪牛肉粉
发源于贵阳花溪的特色小吃。

肠旺面
贵州风味面食，肠即猪大肠，旺是猪血。

典故

汉朝和我国哪个大？

夜郎自大
西汉时期，夜郎只是一个小国。但因为与夜郎相邻的小国中它最大，所以夜郎国王以为自己的国家是天下最大的。有一次，西汉使臣经过夜郎国，夜郎国王问他："汉朝和我国哪个大？"使者听了，不禁失笑，因为夜郎国其实只有汉朝的一个县那么大。后人用"夜郎自大"比喻傲慢无知或自大的行为。

诗歌

题贵州南山岩

[宋]曾丰

崒嵂（zú lù）穷头与汉齐，谽谺（hān xiā）深处著招提。

居焉若寝琼为室，登者如仙玉作梯。

云窍旁通吞日月，烟萝倒拔挂虹蜺（ní）。

我来已落葛翁后，姑拾其余细品题。

事件

遵义会议
1935年，红一方面军长征途中，在遵义举行会议，会议结束了王明"左"倾冒险主义在中共中央的统治，确立了以毛泽东为代表的新的中央正确领导，挽救了党和红军，挽救了中国革命，成为中国共产党历史上一个生死攸关的转折点。

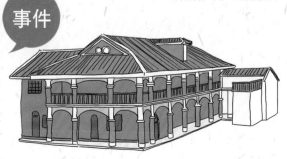

黄果树瀑布——中国第一大瀑布

● 黄果树瀑布所在的黄果树瀑布群，是世界上最大的瀑布群，享有"中华第一瀑"的盛誉。

小朋友，你知道电视剧《西游记》中的"水帘洞"是在哪里取景的吗？没错，就是在黄果树瀑布！

黄果树瀑布，即黄果树大瀑布，位于贵州省安顺市镇宁布依族苗族自治县白水河，那里是云贵高原的一部分，地形复杂，层峦叠嶂。当白水河流经黄果树地段时，河床像楼梯一样节节向下断落，形成了九级瀑布，黄果树瀑布就是其中最大的一级。

● 黄果树瀑布
高77.8米，其中主瀑高67米；宽101米，其中主瀑顶宽83.3米，是中国第一大瀑布。

黄果树瀑布高70多米，奔腾的河水从悬崖绝壁上飞流直泻，发出震天巨响，如千人击鼓，万马奔腾。明代著名旅行家徐霞客这样形容："捣珠崩玉，飞沫反涌，如烟雾腾空，势甚雄厉；所谓'珠帘钩不卷，飞练挂遥峰'，俱不足以拟其壮也。"在他所见的瀑布中，**"高峻数倍者有之，而从无此阔而大者"**，可见黄果树瀑布的雄奇与壮丽。

从徐霞客开始，黄果树瀑布"中国第一大瀑布"的名头逐渐为人所知。众多文人墨客慕名而来，感叹大自然的鬼斧神工，作诗撰文赞颂大瀑布的壮丽，如明末才子谢三秀就有名句"素影空中飘匹练，寒声天上落银河"。

● 明代地理学家、旅行家，用40多年时间考察并撰写了《徐霞客游记》，足迹遍布大半个中国。

黄果树瀑布在白水河上，所以古称白水河瀑布。后来，**因为当地广泛分布着"黄葛榕"**，久而久之，那个地方就被称为"黄果树"，白水河瀑布也就跟着改名为"黄果树瀑布"了。

犀牛潭

黄果树瀑布注入的水潭，因为**形状像犀牛**而得名。传说，唐代曾有犀牛在潭里洗澡，因此得名犀牛潭。你觉得真相是什么呢？

水帘洞

位于黄果树瀑布约40米高处，是瀑布后面岩壁上的一个溶洞。《西游记》中的"水帘洞"就是在这里取景的。

银链坠潭瀑布

这个瀑布名字是不是很有意思？因为它真的如同"银链坠潭"一般，是一个上部呈漏斗状、十分"秀气"的瀑布。

> 阿朵朵，你看到什么了？

> 嘘！我在看齐天大圣会不会飞进来！

陡坡塘瀑布

这是黄果树瀑布群中瀑顶最宽的瀑布，还有一个名字叫**"吼瀑"**，因为每当洪水到来时，它都会发出轰隆轰隆的吼声。对了，《西游记》片尾曲中，师徒四人走过瀑布的场景就是在这里拍摄的哦！

> 你挑着担~我牵着马~

> 这是一个有声音的画面，看见就会不自觉地唱出来呢！

郑和

今昆明人，明朝航海家，曾率船队七次下西洋

元谋人

距今约170万年前的古人类，发现于云南省元谋县

干巴菌

云南珍贵野生食用菌，成熟后有酷似腌牛肉干的香味

云南省

🚩 简称：云、滇

🏢 省会：昆明

　　欢迎来到彩云之南——云南。这里有多姿多彩的民族风情，有三江并流的壮丽景象，还有浪漫美好的旅游胜地，令人向往。

云南聚居着汉、彝、白、哈尼、傣、壮等26个民族，是中国民族最多的省区

▲梅里雪山
6740米

三江并流

香格里拉

泸沽湖

虎跳峡
·玉龙雪山
☉丽江古城

丽江

金沙江

怒江

澜沧江

·泸水

崇圣寺三塔·**大理**

洱海

元谋人·遗址

八宝贡米

云南特产的优质大米，为明、清两代贡米

腾冲。

保山

芒市。

大理石

因盛产于云南大理而得名

·临沧

普洱茶

·普洱

扎染

中国传统手工染色工艺之一

景洪。　·西双版纳

傣族泼水节

傣族传统节日

香格里拉松茸

滇池观鸥

·曲靖

昆明 ☉

滇池

·楚雄

☉石林喀斯特
☉澄江化石地

·玉溪

元江

蒙自。　文山。

红河哈尼梯田

白族

绿孔雀

昭通·

哈尼族

滇金丝猴

彝族火把节

"东方的狂欢节"

音频更精彩

最高峰：梅里雪山。
最大的湖泊：滇池。
主要河流：怒江、澜沧江、金沙江等。
气候：亚热带、热带高原型湿润季风气候，冬无严寒，夏无酷暑，四季不分明。

诗歌

新丰折臂翁
（节选）

[唐]白居易

闻道云南有泸水，椒花落时瘴烟起。

大军徒涉水如汤，未过十人二三死。

云南：指南诏国。唐天宝年间发动对南诏的战争，无数人被强征当兵，冤死异乡。

泸水：今金沙江。

传说

阿诗玛

《阿诗玛》是彝族支系撒尼人的叙事长诗，以口耳相传的方式流传至今。传说中，阿诗玛是一个出身贫苦、美丽善良的姑娘，她不屈不挠地和强权势力作斗争，最终化为一座石峰，变成了回声神，你怎样喊她，她就怎样回答你，她的声音就这样永远留在了人间。

云南东北部设立郡县。汉武帝时，征服西南夷，设益州郡。三国时期云南称为"南中"，诸葛亮曾率军降服南中大王孟获。738年，蒙舍诏部落首领皮罗阁建立南诏国。937年，白族人段思平建立大理国。1253年，大理国被大蒙古国灭亡。清朝时，吴三桂在云南谋反，被平定。

战国时期，楚国大将庄蹻（qiāo）在滇池地区建立滇国。秦朝统一后，在

段思平
今大理人，白族，大理国的开国皇帝。

李元阳
今大理人，白族，明代著名文学家、理学家。

人物

兰茂
今昆明人，明代医药学家，著有《滇南本草》等。

红河哈尼梯田
位于红河哈尼族彝族自治州，有1300多年历史，被誉为"中国最美的山岭雕刻"。

战役

三藩之乱

清朝初年，清廷为了平定南明，将云南军政全权交付给了吴三桂。南明灭亡后，吴三桂在云南拥兵自重，在康熙十二年（1673年）联同靖南王、平南王起兵反叛，史称三藩之乱。8年之后，清军进入云贵省城，平定了三藩之乱。

崇圣寺三塔

崇圣寺是南诏国和大理国时期的皇家寺院，寺内三塔一大二小，鼎足而立。

过桥米线

云南特色小吃，吃的人按照先生后熟的顺序，自行把辅料及米线放入汤内，完成"过桥"动作。

美食

乳扇
在云南大理很受欢迎的奶制品。

鸡豆凉粉
丽江特产凉粉小吃，凉粉呈黑色，所以又叫"黑凉粉"。

鲜花饼
云南特色点心，是以食用玫瑰入料制作的酥饼。

景点

梅里雪山
位于三江并流地区，被藏族人民奉为神山，主峰卡瓦格博峰是藏传佛教的朝拜圣地。

丽江古城——雪山下的美丽古城

在我国西南部的**云贵高原上**，有一座被群山环抱的美丽古城，涓涓细流环绕着鳞次栉比的青瓦建筑，充满人与自然和谐相处的气息。这里就是**我国保存最完好的少数民族古镇之一**——丽江古城。

丽江古城又叫大研镇，坐落在玉龙雪山下的一块高原台地上，海拔2400多米。丽江古城始建于宋末元初，**至今已有800多年的历史**。这里是纳西族的聚集地，由**纳西族世袭土司统治**。朱元璋建立明朝后，当时的土司阿甲阿得归顺明朝，被任命为丽江府知府，赐予木姓。

丽江古城

纳西族人

"大颜"是什么意思？很大的脸吗？

是"大研"啦！大研就是大砚台的意思，因为丽江古城周围群山环绕，流水萦回，外形很像一方大砚。

● 黑龙潭
位于城北象山脚下，始建于清乾隆年间，泉水清澈，四周山清水秀，古建筑点缀其中，环境优美。

位于狮子山下的木府，是丽江土司的衙署。当年徐霞客游遍云南，在《滇游日记》中形容木府"宫室之丽，拟于王者"，可见其气派恢弘。常言道**"不到木府，等于不到丽江"**，木府就是丽江的"紫禁城"，也是丽江文化的"大观园"。

● 丽江古城
土石墙、小青瓦、木结构……丽江古城的建筑融合了汉、白、藏等各民族的精华，并具有独特的纳西族风格。

如果从空中俯瞰，你会发现，丽江古城街道纵横，房屋鳞次栉比，但和其他古城相比，**却少了一样非常重要的东西——城墙**。据说，这是因为丽江土司认为，自己姓木，如果筑城墙，木字加框就成了"困"，很不吉利，所以就没筑城墙。

清朝咸丰年间，丽江古城曾因战火而毁于一旦，大部分建筑被毁，后来随着"茶马古道"兴起，才得以再次繁盛。当时许多纳西族、藏族、白族和汉族商人在这里做生意，古城形成了以**"四方街"为中心的交易市场**，成为著名的商城。丽江古城的纳西语名称为"巩本知"，"巩本"为仓廪，"知"为集市，合起来就是"**仓廪集散之地**"的意思。

四方街集市

◆ 四方街
因为吸引了四面八方的人来做买卖，所以得名"四方街"。

小拓展

东巴文字

纳西族的传统文化被称为东巴文化，因他们信仰的东巴教而得名。纳西族人的文字——东巴文，是世界上少有的仍在使用的象形文字，被称为文字的"活化石"。

画给孩子的中国地理 ③

洋洋兔 编绘

全国百佳图书出版单位

化学工业出版社

·北京·

目录

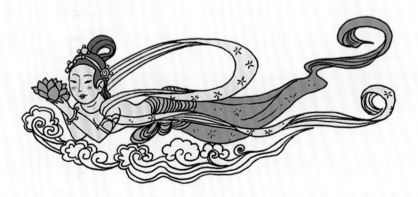

"赞普"是吐蕃王朝最高统治者的称呼。

我知道，就相当于中原王朝的"皇帝"吧！

音频更精彩

唐卡
兴起于松赞干布时期的独具特色的绘画艺术，是用彩缎装裱后悬挂供奉的宗教卷轴画

松赞干布
吐蕃王朝第33任赞普，也是吐蕃王朝的实际立国之君

古格王国
吐蕃王朝崩散后，由吐蕃王室后裔建立的小王国

牦牛
藏羚羊
酥油草
藏北三宝

巨柏
又叫雅鲁藏布江柏木，主要生长在西藏东部，是我国珍稀、特有的树种之一

藏獒

班公错

喇嘛
"喇嘛"是藏传佛教术语，是对藏传佛教僧侣的尊称

冬虫夏草
冬虫夏草
一种珍稀食药用菌，在青藏高原及周边地区有着悠久的历史

噶尔

森格藏布（狮泉河）

古格王国遗址

拉昂错
玛旁雍错
扎日南木错

青稞酒

色林错

世界上海拔最高的湖泊，"错"是藏语"湖"的意思

那曲

格桑花

昌都

金沙江

怒江
澜沧江

当惹雍错
纳木错

藏红花

藏刀

羊八井
地热资源丰富，温泉众多，并建有我国最大的地热发电站

拉萨布达拉宫历史

拉萨
大昭寺

林芝

雅鲁藏布大峡谷
世界上最大、最深的峡谷，最深处有6000多米

雅 日喀则 鲁 藏 山南 布 江

藏靴

藏雪鸡

藏毯
藏族人民喜爱的生活用品之一，与波斯地毯、土耳其地毯并称为世界"三大名毯"

qīn
铜钦
藏传佛教特有的铜管乐器之一，主要用于盛大庆典或召见臣民

▲珠穆朗玛峰
8848.86米

晒牦牛粪
牦牛粪晒干之后可作燃料

藏族

最高峰：珠穆朗玛峰。
最大的湖泊：色林错。
主要河流：雅鲁藏布江、怒江、澜沧江、金沙江、森格藏布（狮泉河）等。
气候：属干旱高原气候区，西北严寒干燥，东南温暖湿润。

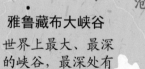

西藏自治区

简称：藏

省会：拉萨

西藏位于中国的西南边疆，有"世界屋脊"之称。西藏的首府拉萨，藏语意为"圣地"，这里一年四季晴空万里，日照时间长，因此又被人们称为"日光城"。

历史

西藏很早就有人居住，但直到唐朝才和中原地区有官方交流，当时西藏为吐蕃。吐蕃是一个强大的王朝，后来解体，在13世纪被蒙古帝国征服。清朝时，五世达赖喇嘛受顺治帝册封，五世班禅受康熙帝册封，标志着达赖喇嘛和班禅在西藏的政治宗教地位正式确立。1727年，雍正帝设立驻藏大臣处理西藏事务。1965年，西藏自治区成立。

景点

大昭寺

吐蕃王朝松赞干布修建的藏传佛教寺庙，迄今已有1300多年历史。

人物

聂赤赞普

西藏第一位藏王。

仓央嘉措

六世达赖喇嘛，也是一位著名诗人，作品集《仓央嘉措诗歌》广为流传。

典故

文成公主入藏

唐朝贞观年间，松赞干布遣使唐朝，希望迎娶一位唐朝公主。唐太宗将宗女封为文成公主，下嫁松赞干布，并派使团护送文成公主入蕃。松赞干布亲自到柏海（今青海玛多县境内）迎亲，并与文成公主一同返回了逻些（今拉萨）。

事件

长庆会盟

松赞干布去世后，吐蕃和唐朝关系时好时坏，战争持续多年。821年及次年，唐朝和吐蕃双方分别在长安（今西安）、逻些（今拉萨）会盟，重申了"和同为一家"的舅甥亲谊，史称"长庆会盟"。

美食

牦牛肉

肉质细嫩，营养价值很高，被誉为"牛肉之冠"。

zān ba 糌粑

藏语为"炒面"，藏族牧民传统主食，将青稞炒熟磨面，然后加酥油、糖等制作而成。

酥油茶

用酥油和浓茶加工而成的特色饮料，多与主食糌粑一起食用。

藏式凉粉

拉萨特色小吃，深受藏族女性和儿童喜爱。

布达拉宫——世界屋脊上的明珠

小朋友，你见过50元人民币背面的图案吗？上面有一座和我们平时住的房子不一样的建筑，它就是被誉为"世界屋脊上的明珠"的布达拉宫。

布达拉宫高高地耸立在西藏首府拉萨西北的红山上，是一座规模宏大的藏族风格建筑，最初由吐蕃王朝松赞干布兴建，后来经过重建，成为历代达赖喇嘛的冬宫，是西藏政教合一的统治中心。

达赖喇嘛的冬宫是布达拉宫，夏宫则是罗布林卡，离这里大约两千米。

既然是冬宫，那这里的冬天一定很暖和吧？

◆ 布达拉宫的主体建筑由红宫、白宫和扎厦三部分组成，三者相互贯通，外墙全部用红、白、黄三色粉刷，象征威严、恬静和圆满。

红宫
位于布达拉宫的中央位置，外墙为红色，主要建筑是历代达赖喇嘛的灵塔殿。

◆ 布达拉宫主楼高约117米，从外观看有13层，实际只有9层，下方的4层是岩石砌筑的地垅墙，起支撑作用。

白宫
因外墙为白色而得名，是达赖喇嘛居住的地方，共有7层。

"布达拉"是梵文"Potalaka"的音译，意为"小白花树"或"光明海岛"，是佛教传说中观音菩萨的道场。1300多年前，松赞干布统一西藏，定都拉萨，建立了强大的吐蕃政权。641年，他与中原唐朝联姻，迎娶文成公主，并在红山上修建了宫殿。松赞干布把观音菩萨作为自己的本尊佛，所以用观音菩萨的道场为宫殿命名，称为"布达拉宫"。

◆ 红宫屋顶平台上各灵塔殿的金顶，金光闪闪，具有强烈的藏式风格。

金顶群

◆ 布达拉宫的镇宫之宝，供奉在红宫法王殿，传说并非人工雕琢，而是由一棵古檀香树自然生成的。

圣观音像

松赞干布时期的布达拉宫，十分壮丽豪华，据说光房间就有一千间呢！可惜后来遭遇雷火，损坏了一部分，剩下的部分也在吐蕃灭亡时几乎全部被毁。1645年，五世达赖喇嘛重建布达拉宫，此后经过多次修建和扩建，最终形成了现在的规模。现在，整座布达拉宫有房间近万间，群楼耸峙，殿宇巍峨，充分体现了藏式建筑的特色。

布达拉宫不仅是一座壮观的宫殿，还是一座艺术的殿堂。这里所有的宫殿、佛堂和走廊的墙壁上，都绘满了精美的壁画。此外，宫内还收藏了丰富的唐卡、佛像、经幡、典籍等文物，堪称佛教与藏族艺术的宝库。

◆ 拉萨是藏族人民的圣城，布达拉宫更是圣城中的圣地，前来朝拜的人络绎不绝。

◆ 高12.6米，塔身包裹黄金，并嵌有上万颗珠宝，取名"赞木林耶下"，意思是价值抵得上半个世界。

五世达赖喇嘛灵塔

秦始皇

本名嬴政，公元前221年扫平六国，统一天下，定都咸阳，建立秦朝，成为我国第一个自称"皇帝"的人

西安是我国四大古都之一，遍地都是文物。

那咱们走路得当心，踩到文物可就不好了。

人面鱼纹彩陶盆

仰韶彩陶工艺的代表作品之一，出土于西安市半坡村

红碱淖

榆林

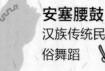

安塞腰鼓

汉族传统民俗舞蹈

关中皮影

华山松

陕西省

🚩 简称：陕、秦

🏢 省会：西安

陕西是中华文明的发祥地之一，周朝、秦朝、西汉、隋朝、唐朝等多个王朝都曾在这里建都。兵马俑、大雁塔、大明宫、华清池……名扬天下。

信天游

我国西北地区的一种民歌形式

延安宝塔

黄 河

菜豆腐

洛

延安

华山

"五岳"中的西岳，自古有"奇险天下第一山"的说法

壶口瀑布

音频更精彩

秦腔

最古老的传统戏剧之一，起源于西周时期

黄帝陵

河

中华民族的始祖轩辕黄帝的陵园

毛公鼎

西周晚期青铜器，出土于宝鸡市岐山县

丝绸之路

泾河

铜川

宝鸡

乾陵

渭南

华山

唐高宗与武则天的合葬墓

咸阳

大雁塔

秦始皇陵及兵马俑坑

西安

华清宫

窑洞

黄土高原上一种古老的居住方式，人们利用高原地质特点凿洞而居

马踏匈奴

西汉名将霍去病墓前的石刻，象征他击败匈奴的战功

太白山▲
3767米

大唐芙蓉园

渭

商洛

嘉陵江

朱鹮

狗头枣

汉中

汉

江

安康

最高峰：太白山。

最大的内陆淡水湖：红碱淖。

主要河流：渭河、泾河、汉江等。

气候：南北气候差异较大，从北到南分属温带半干旱季风气候、暖温带半干旱半湿润季风气候和亚热带湿润季风气候，表现为陕北冬春干燥、夏秋多雨，陕南雨量充沛、温暖湿润。

大唐芙蓉园

第一个展示盛唐风貌的大型皇家园林式主题公园，位于西安市南

大雁塔

唐朝玄奘为保存从天竺带回的佛经而主持修建的佛塔，在西安慈恩寺内。

景点

西安城墙

中国现存规模最大、保存最完整的古城墙之一。

陕西省自古就有人类活动，是华夏文明的重要发祥地之一。上古时期，陕西为雍州之地，春秋时期为秦国。历史上先后有十多个王朝在西安、咸阳一带建都，其中秦、汉、隋、唐四个统一王朝对中国历史的影响尤其深远。宋朝时，设陕西路，"陕西"之名由此开始。明朝时，将西安原属的奉元路改为西安府，"西安"之名由此而来。

孙思邈

今铜川人，唐代著名的医学家，被尊为"药王"。

张骞

西汉外交家，奉命出使西域，开通了丝绸之路。

人物

诗歌

过华清宫绝句三首（其一）

[唐]杜牧

长安回望绣成堆，山顶千门次第开。

一骑红尘妃子笑，无人知是荔枝来。

长安：西安古称。

华清宫：唐代皇帝游幸的别宫，后也称"华清池"。

河西之战（战国）

战国时期，魏国和秦国为争夺关中河西（今山西、陕西两省间黄河南段以西地区）地区而爆发了大规模的战争，前前后后交战数次。当时，秦国经过商鞅变法国力大增，魏国因为马陵之战的失败而元气大损，所以秦国从反击到进攻，多次击败魏军，最终收复了河西。

战役

羊肉泡馍

古称"羊羹"，吃的时候把馍掰成小块泡到羊肉汤里。

锅盔

一种又大又厚的饼。

肉夹馍

把肉夹在馍中的一种美食。

美食

典故

烽火戏诸侯

西周时期，周幽王为博褒姒（bāo sì）一笑，点燃了骊山烽火台。诸侯以为敌人来犯，纷纷赶来支援，却发现被戏弄，只好退回。褒姒见此情景，不禁嫣然一笑，周幽王大喜。公元前771年，犬戎进攻镐京（今西安），周幽王再次点烽火求援，诸侯以为他又在戏弄大家，都没有来。最后周幽王被杀，褒姒也被敌人掳走了。

汉中面皮

汉中特色小吃，面皮是用大米制作而成的。

兵马俑——秦始皇的地下大军

说起古城西安，许多人会首先想到兵马俑，它的名气实在太大了，被誉为"世界第八大奇迹"，一经发现就引起世界震惊，每年慕名前来参观的人摩肩接踵，络绎不绝。

兵马俑到底是什么呢？其实它们都是"千古一帝"秦始皇的陪葬品，是秦始皇陵的一部分。秦始皇陵位于西安临潼区骊山北麓，是我国目前发现的规模最大的帝王陵寝。秦始皇陵区内有许多陪葬坑，其中最著名的就是兵马俑坑。

兵马俑坑位于帝陵东面，目前发掘的一、二、三号兵马俑坑，共出土了8000多个陶人俑、陶马俑，它们以秦国作战编制和队形整齐地排列在俑坑中，真实地再现了秦国军队的作战情景，气势恢宏，威风凛凛。

三个兵马俑坑占地两万多平方米，而这只是秦始皇陵的冰山一角，可以想象完整的皇陵该有多么宏大。公元前246年，早在秦始皇还是秦王的时候，就开始为自己修建陵墓了。秦始皇陵共修建了39年，直到秦末才停止。

跪射俑
跪着发射弓弩的弩兵

御手俑
驾驶战车的车吏

立射俑
站着发射弓弩的弩兵

袖手俑
文官

军吏俑
高级军吏

鞍马俑
骑兵的坐骑

各种各样的兵马俑

秦末农民起义

秦始皇陵的修建投入了大量的人力、物力，据说修陵的苦力最多时达70万。而这样劳民伤财的工程，也间接加快了秦朝的灭亡。秦朝末年，农民起义爆发，秦始皇的儿子秦二世不得不紧急调用修陵的苦力前去平乱，导致陵墓只能草草完工。

兵马俑数量庞大，但并不是千人一面，用同一个模子无限复制。如果仔细观察，就会发现每个兵马俑的体形、服饰、发型、五官等各不相同，真正做到了千人千面，栩栩如生。

你看这军阵，雄赳赳，气昂昂，真威风！

这就是当年横扫六国的秦军风采！

兵马俑的制作过程

① 用泥土分别做出头、身体和四肢的粗胎。

② 在粗胎上再附一层泥，雕刻出细节和装饰。

③ 将身体各个部位组合到一起，用泥粘好。

④ 放到窑炉中烧制。

⑤ 给陶俑进行彩绘。颜料有绿、紫、红、蓝等多种颜色。

不错，我要打造一支"地下部队"，护卫我的陵寝！

陛下，活人殉葬过于残忍，不如用陶俑代替吧？

用兵马俑殉葬，在我国历代帝陵中并不常见，秦始皇为什么要这么做呢？原来，我国古代有用活人殉葬的制度，但活人殉葬实在残忍，而且当时秦朝劳动力稀缺，所以秦始皇听了大臣李斯的建议，改为陶俑殉葬。

可惜，这支"地下部队"未能阻止秦朝的灭亡，但却真实地再现了秦军的威武风姿，展示了秦朝高超的泥塑艺术水平，是我们人类的宝贵财富。

秦军训练有序，队列严整，战斗力极强，最终灭掉了六国。

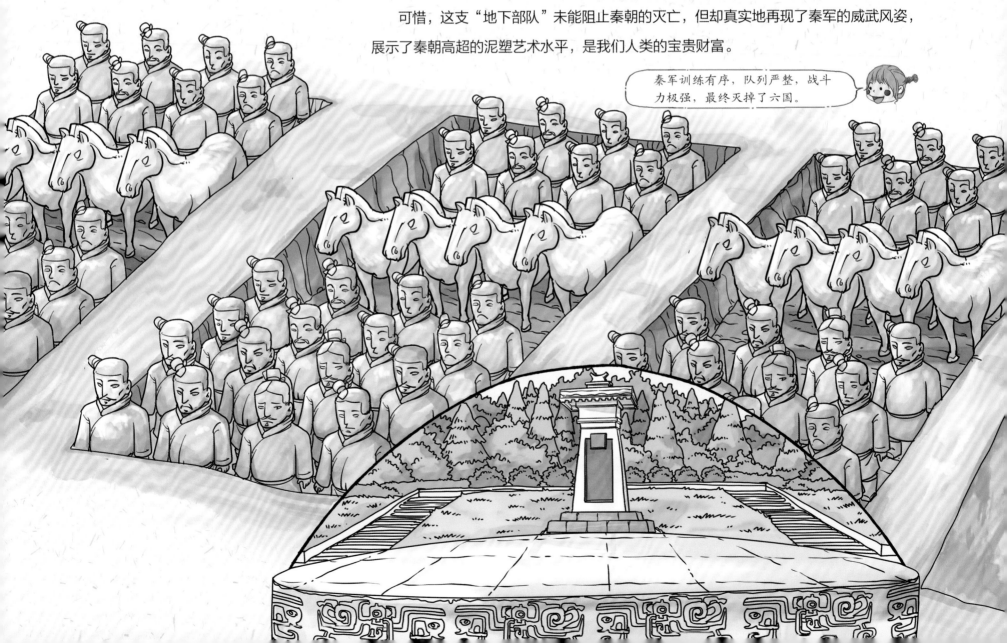

唐太宗李世民

陇西狄道（今定西市临洮县）人，唐朝第二位皇帝，开创了"贞观之治"

"葡萄美酒夜光杯，欲饮琵琶马上催。"

会发光的杯子？真神奇！

苦水玫瑰

一种品质很高的玫瑰花，也是兰州市的市花

香水梨

久存不易腐烂、不怕寒冻的一种梨

玉门关

西汉时期设立的通往西域的关隘

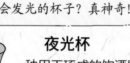

马铃薯

夜光杯

一种用玉琢成的饮酒器，当杯中斟满酒，在月光下会闪闪发亮

铜奔马

又名马踏飞燕、马超龙雀等，是东汉青铜器，出土于武威

黄河蜜瓜

白兰瓜

阳关

丝绸之路南路的必经关隘

丝绸之路
敦煌 🏛莫高窟
月牙泉

▲阿尔金山
5798米
苏干湖

疏勒河

弱水

嘉峪关🏛
嘉峪关 ·酒泉

黑水国遗址·

·张掖
·马蹄寺

黑河

金昌·

·武威

兰州刻葫芦

黑瓜子

kōng tóng
崆峒山

丝绸之路西出关中的要塞，有"中华道教第一山"的美誉

黄河

白银·

·庆阳

甘肃省

🏳 简称：甘、陇

🏢 省会：兰州

　　甘肃省是中国古代"丝绸之路"的必经之地。这里有"长河落日圆"的塞外美景，有艺术宝库莫高窟，还有沙漠奇观月牙泉，是令人神往的旅游胜地。

月牙泉

"敦煌八景"之一，有"沙漠第一泉"之称

◎兰州
·定西
·平凉

泾河

·临夏

合作·

金钱肉

天水
·

渭河

·麦积山

甜菜

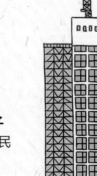

马蹄寺

佛教寺庙，传说有天马在这里饮水留下马蹄印

羊皮筏子

用吹起的羊皮做成的筏子，是黄河沿岸民间保留下来的一种古老的摆渡工具

酒泉卫星发射中心

我国创建最早、规模最大的综合型导弹、卫星发射中心

黄河

陇南·

黄河母亲

表现中华民族母亲河——黄河的著名雕塑，位于兰州市

音频更精彩

最高峰：阿尔金山。

最大的内陆湖：苏干湖。

主要河流：黄河、渭河、弱水、疏勒河等。

气候：整体属温带大陆性季风气候，冬季寒冷少雪，夏季炎热多雨，春秋短暂，温差变化大。

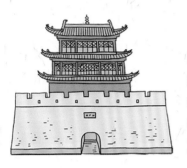

嘉峪关

明长城西端的第一重关，也是古代丝绸之路的交通要塞，有"天下第一雄关"之称。

景点

麦积山石窟

以精美的泥塑艺术闻名世界，被誉为"东方雕塑陈列馆"。

历史

先秦时期，甘肃分属雍州、凉州，旧称"雍凉之地"。秦朝设陇西郡。汉代设凉州，由于张骞通西域，河西走廊成为丝绸之路的必经要道。南北朝时属北魏，由于佛教传入，大兴石窟。唐代将甘肃一带分置3道，共辖22州。宋代时归西夏，西夏将甘州（今张掖）、肃州（今酒泉）的首字合并，设置"甘肃军"，这也是甘肃名称的正式由来。

人物

李广

今天水人，西汉名将，被称为"飞将军"。

苻坚

今天水人，前秦皇帝，曾统一北方。

凉州词二首
（其一）

[唐] 王之涣

黄河远上白云间，
一片孤城万仞山。
羌笛何须怨杨柳，
春风不度玉门关。

凉州：今武威凉州区。

诗歌

典故

河西之战（西汉）

河西指今甘肃武威、张掖、酒泉、敦煌等地，因位于黄河以西，古称河西，也叫河西走廊。西汉时期，河西被匈奴占据，经常威胁汉朝。公元前121年，汉武帝命霍去病为骠骑将军，发动了两次河西战役，重创匈奴，将匈奴赶到漠北，完全占领了河西走廊。

战役

得陇望蜀

东汉初年，隗嚣（wěi xiāo）割据陇地，公孙述割据蜀地，二人相互勾结，对抗朝廷。光武帝刘秀派兵将隗嚣围困在西城，公孙述出兵援救，驻扎在上邽（guī）。光武帝写信给大将岑彭："如果攻下这两座城池（西城、上邽），就可以乘胜攻打蜀地。人心总是不满足，得到陇地，又盼望着攻下蜀地。"后来人们用"得陇望蜀"形容人贪得无厌。

美食

兰州拉面

兰州风味小吃，风靡全国，被誉为"中华第一面"。

浆水面

陕甘地区的传统特色小吃，类似于酸汤面。

东乡手抓

东乡族特色菜肴，也是西北人民最喜欢的清真食品之一。

猪油盒

天水名小吃，来源于清朝宫廷点心"猪油饽饽"。

莫高窟——沙漠中的美术馆

莫高窟，俗称千佛洞，位于甘肃省敦煌市东南25千米处，鸣沙山东麓断崖上，前临宕泉河，上下五层，南北长约1600米。莫高窟以精美的壁画和塑像闻名于世，被誉为"世界艺术画廊""墙壁上的美术馆"。

前秦建元二年（366年），一位名叫乐僔的僧人行至鸣沙山，忽见金光闪耀，如现万佛，于是在岩壁上开凿了第一个洞窟。乐僔之后，无数虔诚的僧侣来到这里，叮叮当当的开凿声连绵不绝，响彻千年。

莫高窟从前秦开始，历经十六国、北朝、隋、唐、五代、西夏、元等多个王朝的兴建，直到丝绸之路被废弃，才逐渐衰落，湮没在世人的视野中，后来在清康熙四十年（1701年）重新被人注意。

莫高窟现存洞窟735个，壁画4.5万平方米，泥质彩塑2415尊，是世界上现存规模最大、内容最丰富的佛教艺术宝库。1900年，莫高窟又发现了藏经洞（现编号为第17窟），里面藏有十六国至北宋时期的文书、纸画、绢画、刺绣等文物共5万多件，引起国内外极大关注，并形成了著名的敦煌学。

飞天壁画

莫高窟泥塑

莫高窟所处的山崖土质松软，不适合制作石雕，所以莫高窟的塑像多为泥塑。塑像都是佛教中的人物，如佛、菩萨、弟子、天王、力士等，制作精美，造诣高深。

45窟泥塑群像

敦煌学是一门研究藏经洞文书和敦煌石窟艺术的学科，一直很受欢迎呢！

听起来好复杂，我还是欣赏壁画吧……

莫高窟壁画

莫高窟壁画主要绘于洞窟的四壁、窟顶和佛龛内，内容博大精深，有佛像、佛教故事、神怪、供养人等多种题材。你一定见过飞天吧？飞天是侍奉、供养佛的神灵，是莫高窟壁画中最常见的形象之一。传说每当佛讲经或涅槃时，便会有飞天凌空飞舞，奏乐撒花。

张大千与莫高窟

1941年，著名画家张大千来到莫高窟，用3年的时间，对洞窟进行了断代、编号和壁画描摹。后来他在各地多次举办临摹作品展，并公开出版了临摹画册。

● 莫高窟最高的洞窟——第96窟，外面是一座附岩而建的"九层楼"，高33米，巍峨壮观；里面有一座泥塑弥勒佛坐像，高35.6米，是中国第三大坐佛。

王圆箓与藏经洞

1900年，居住在莫高窟的道士王圆箓（lù）在清理积沙时，无意中发现了一个长宽高各约3米的窟室，里面藏有经文、文书、绢画等5万余件，这就是著名的"藏经洞"。

张大千

道士王圆箓

青稞

青稞酒
酥油茶

青海酸奶

青海奶皮

舞蹈纹彩陶盆

新石器时代后期陶器，马家窑文化的代表，出土于青海省大通回族土族自治县

黄蘑菇
一种珍贵的野生食用菌

察尔汗盐湖
中国最大的盐湖，有"青藏高原的聚宝盆"之称

羌族

我国第一颗原子弹的研发基地
原子城
海晏

格尔木胡杨林
青海唯一，也是世界上海拔最高的胡杨林

德令哈

茶卡盐湖

西宁
共和
塔尔寺
海东
同仁

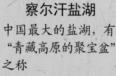
青藏铁路
连接西宁至拉萨的铁路，是世界上海拔最高、线路最长的高原铁路

布喀达坂峰
6860米

可可西里
世界三大无人区、中国四大无人区之一，藏野驴、藏羚羊、野牦牛等珍稀野生动物在此栖息

昆仑山口

星宿海
扎陵湖

玛沁

藏羚羊

鄂陵湖
黄河

野牦牛

藏野驴
天河

玉树
金沙江
扎曲

黑颈鹤

青海云杉

音频更精彩

拥有数百个大大小小的湖泊，如繁星般美丽，古代曾被认为是黄河源头

星宿海

青海省

🏳 简称：青

🏢 省会：西宁

　　青海是青藏高原的一部分，拥有中国最大的内陆咸水湖青海湖，并因此得名。青海是长江、黄河、澜沧江的发源地。青海民族众多，有藏、回、蒙古、撒拉等多个少数民族。

东关清真大寺
位于西宁，创建于明朝，是西北四大清真寺之一

青藏公路
连接西宁和拉萨，是世界上海拔最高、线路最长的公路

最高峰：布喀达板峰。
最大的内陆咸水湖：青海湖。
主要河流：通天河（长江上游）、黄河、扎曲（澜沧江上游）等。
气候：高原大陆性气候，太阳辐射强，日温差较大，冬季寒冷漫长，夏季短促凉爽，雨量偏少，雨热同季。

历史

青海历史悠久，早在远古时代就有人类在此繁衍生息，一直是多民族聚居之地。青海古为西戎地，汉属羌地，西汉时设护羌校尉。两晋时期，鲜卑慕容部的一支建立吐谷（yù）浑汗国，统治青海300多年。唐朝时，吐蕃灭吐谷浑，占领了青海地区。1227年，青海东部被纳入蒙古汗国版图。1928年，青海正式建省，以西宁为省会。

赵充国
今甘肃天水人，后迁居今青海西宁地区，西汉名将。

人物

诗歌

从军行七首
（其四）

[唐] 王昌龄

青海长云暗雪山，
孤城遥望玉门关。
黄沙百战穿金甲，
不破楼兰终不还。

青海：指青海湖。

马进良
今西宁人，清朝将领，曾奉命随征噶尔丹。

门源油菜花
全世界最大的小油菜种植区，每年7月中旬，油菜花海绵延数十千米，十分壮观。

景点

隋炀帝灭吐谷浑之战
隋朝时，吐谷浑经常侵扰隋境，影响河西走廊的安全。隋炀帝为了开拓疆域，使丝绸之路畅通，于608年联合高车国袭击吐谷浑。609年，隋炀帝亲征吐谷浑，击溃吐谷浑，生擒吐谷浑首领，使青海全境归隋朝所有。

清平青海之战
清雍正元年（1723年），青海和硕特蒙古首领罗卜藏丹津意图反清，发动武装叛乱。抚远大将军年羹尧前去镇压，于次年平定叛乱，罗卜藏丹津逃往准噶尔。事后，清廷改西宁卫为西宁府，设置西宁办事大臣管辖青海政务。

茶卡盐湖
天然结晶盐湖，因湖面平静无波，被称为"天空之镜"，是著名的旅游胜地。

战役

塔尔寺
创建于明代，是西北地区藏传佛教的活动中心，享有盛誉。

美食

青海粉汤
青海风味，肉片、粉条、豆腐等配肉汤。

搅团
用面搅成的浆糊，西北地区特色小吃。

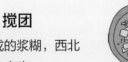

gǎ
尕面片
青海地区的特色面食，类似于揪面片。

pēi
甜醅
用青稞制作成的传统甜食。

青海湖——美丽的高原明珠

青海湖，蒙古语为"库库淖（nào）尔"，藏语为"措温布"，意思都是蓝色的湖泊。它就像一面镜子，蔚蓝的湖水倒映着高山白云，美丽纯净，如诗如画。

青海湖位于青海省东北部，是我国最大的湖泊，也是我国最大的咸水湖，面积4000多平方千米，四面环山，湖中有海心山、鸟岛等岛屿，是著名的观光胜地。

海心山位于青海湖湖心偏南，岛上怪石嶙峋，沙洲点点，水草丰茂，因为古代盛产"龙驹"（一种马），所以又叫"龙驹岛"。海心山的山体是由花岗岩和片麻岩构成的，略呈乳白色，晴空远眺，犹如飘浮的雪浪，美如仙境。

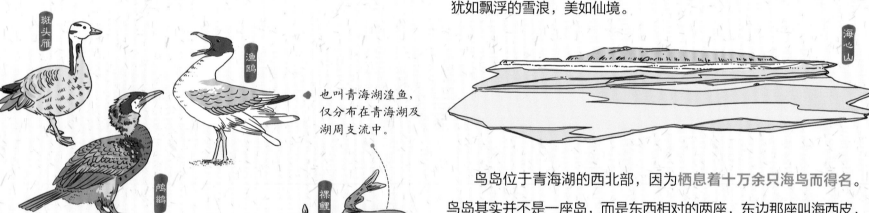

斑头雁

渔鸥

鸬鹚

裸鲤

海心山

也叫青海湖湟鱼，仅分布在青海湖及湖周支流中。

青海湖里裸鲤也是各种海鸟的主要食物。

一定很美味！

鸟岛位于青海湖的西北部，因为栖息着十万余只海鸟而得名。鸟岛其实并不是一座岛，而是东西相对的两座，东边那座叫海西皮，西边那座叫海西山。海西皮是鸬鹚鸟的王国，海西山则是斑头雁、渔鸥、棕颈鸥等鸟儿的领地。每年春天，海西山上遍地都是筑巢产卵的鸟，鸟蛋一窝连着一窝，因此被人们形象地称为"蛋岛"。

每年6月至8月，是青海湖风光最美丽的时候，会举行**环青海湖国际公路自行车赛**，简称"环湖赛"。环湖赛从2002年开始举办，在青海省的环青海湖地区和邻近的甘肃、宁夏举行，是亚洲顶级自行车公路多日赛，也是世界上海拔最高的国际性公路自行车赛。

环湖赛路线风景如画，赛手们一定心情舒畅！

我也想报名参加！

青海湖形成于距今200万～20万年前，形成初期原是一个大淡水湖，与黄河水系相通，后来因为地壳运动，外泻通道堵塞，变成了闭塞湖，再加上气候变干，逐渐由淡水湖变成了咸水湖。

不过，关于青海湖的由来，人们更愿意相信一个美丽的传说：相传，文成公主远嫁松赞干布，临行前，唐王赐予她一面能照出家乡景象的日月宝镜。途中，公主思念家乡，拿出宝镜，果然看到了家乡。她泪如泉涌，但紧接着记起了自己的使命，毅然将宝镜扔了出去，没想到宝镜落地，闪出金光，变成了青海湖。

环湖赛期间，也是油菜花盛开的时节，公路两侧，一边是无边无际的金色花田，一边是倒映着蓝天白云的澄澈湖水，风景如诗，真是令人陶醉啊！

滩羊皮
毛密皮软，是非常优质的皮质材料

甘草
一种中药材

枸杞
一种中药材

贺兰山石砚
用贺兰石制作而成

发菜
一种藻类，因形状像人的头发而得名

宁夏五宝

石嘴山
·贺兰山岩画

敖包圪垯
3556米

·沙湖

◎银川
·西夏王陵

"天下黄河富宁夏"，宁夏自古引黄河水灌溉，物产丰饶。

所以才成了"塞上江南"啊！

贺兰山岩画
在贺兰山生活过的古人画在岩石上的画

黄河
镇河塔
·

滑沙

吴忠

青铜峡水库

苦水河

沙枣

沙雕

宁夏回族自治区

🚩 简称：宁

🏢 省会：银川

宁夏历史上是"丝绸之路"的要道，这里有黄河文明、大漠风光、回族风情、神秘的西夏王陵和雄壮的贺兰山，被称为"塞上江南"。

沙坡头·
集大漠、黄河、高山、绿洲为一处

·中卫

清水河

盘羊
也叫大头羊、大角羊，是体型最大的一种羊

一种雕刻艺术，将沙堆积凝固起来后再雕琢成各种造型

撒子
一种酥脆的油炸食品

青铜峡水电站

泥哇呜
回族传统吹奏乐器，用黄胶泥捏制成

中国最早的闸墩式水电站，位于宁夏的黄河中游青铜峡谷口处

·同心清真大寺

北方铜鱼
俗称鸽子鱼，是我国特有物种，仅分布在黄河水系

沙湖
著名旅游胜地，将江南水乡的灵秀与塞北大漠的雄浑融合为一体

回族
中国分布最广的少数民族

·固原

最高峰：敖包圪垯。
最大的人工湖：青铜峡水库。
主要河流：黄河、清水河、苦水河等。
气候：南北气候差异较大，具有南寒北暖、南湿北干、冬寒漫长、夏短酷暑、日照充足、风大沙多等特点。

八宝茶

一百零八塔
始建于西夏时期，有108座喇嘛式实心塔，是中国现存最大且排列最整齐的喇嘛塔群之一

音频更精彩

镇河塔

古人用于镇压黄河水患修建的塔，位于灵武市。

景点

同心清真大寺

建于明朝，是宁夏历史最久、规模最大的伊斯兰建筑。

宁夏在春秋战国时期为羌、戎、匈奴聚集地，在秦朝属北地郡。元初在西夏故地置宁夏行省，从此有"宁夏"地名，意为"夏地安宁"。明设宁夏卫，属陕西布政使司，清属甘肃省。1928年设宁夏省。1958年成立宁夏回族自治区。

人物

皇甫嵩

今固原人，东汉末期名将，率兵平定黄巾之乱。

浑瑊（jiān）

今吴忠人，唐朝名将，屡破吐蕃。

战役

塞翁失马

古时有位老翁住在边塞附近。有一天，他丢了一匹马，老翁说："这或许是件好事。"不久，那匹马带了一匹骏马回来，老翁说："这或许是件坏事。"老翁的儿子骑着那匹骏马时掉下来摔断了腿，老翁说："这或许是件好事。"后来，边塞突发战事，年轻人都被拉去打仗，老翁的儿子却因为腿瘸免于征战，得以保全性命。

典故

唐攻东突厥之战

唐太宗贞观三年（629年），为了彻底解决北方威胁，唐朝集结10多万兵马，兵分6路进击东突厥。最终，唐军大获全胜，东突厥颉（jié）利可汗逃往灵州（今灵武西南）西北的沙钵罗部，意图投奔吐谷浑，半路被唐军俘获。

使至塞上

诗歌

[唐] 王维

单车欲问边，属国过居延。
征蓬出汉塞，归雁入胡天。
大漠孤烟直，长河落日圆。
萧关逢候骑，都护在燕然。

萧关：古关名，故址在今固原市境内。

美食

手抓肉

把羊肉剁成块煮熟，可以直接用手抓着吃。

酿皮子

酿皮子是一种用面粉制作的食物，切成条后加佐料凉拌。

烩羊杂碎

清真风味小吃，一般作为早餐食用。

油香

一种油炸的面饼，是回族传统食物。

西夏王陵——西夏文明的辉煌见证

在宁夏首府银川市郊区，贺兰山脚下的一片苍凉的荒野上，**伫立着数百个金字塔形状的高大黄土建筑**，它们就是西夏历代帝王和皇室的陵墓——西夏王陵。

西夏王陵是西夏历代君主的陵墓，占地约50平方千米，是**中国现存规模最大、地面遗迹保存最完整的帝王陵园之一**。

党项首领，建立西夏，并创建了西夏文。

李元昊

西夏是历史上**由党项人建立的国家**，位于黄河中上游，国都兴庆府就是现在银川。1038年，李元昊建立西夏，然后将自己父亲、祖父的陵寝都迁到了贺兰山东麓。此后西夏存续期间，**除了末代皇帝李睍（xiàn）之外，历代君主都葬在这里**。

西夏王陵遗址现存**帝陵9座，陵邑遗址1座，陪葬墓254座，窑址几十处，祖庙1座**。每座帝陵都是坐北朝南，呈纵向长方形，有城墙、院落、阙台、碑亭等，只是损坏严重，现在大多不复存在。

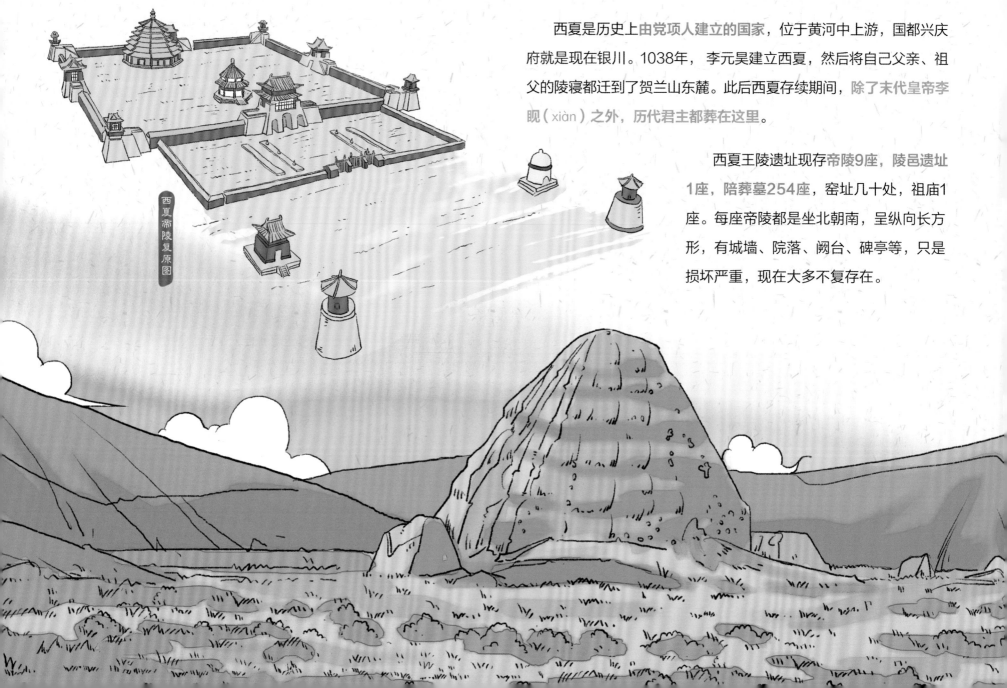

西夏帝陵复原图

陵台复原图

我们今天看到的西夏王陵，感觉无非就是几个高大的黄土包而已，其实这并不是它们原本的面貌。这些"黄土包"，原本是一个个挂满琉璃的宝塔式建筑，名叫陵台或封土，是陵园的主体建筑。

那些"黄土包"原来长这个样子啊！

这样就有气势多了！

西夏曾经十分强盛，和辽、北宋形成三国鼎立的局面，但后来，它遇到了一个更强大的敌人——蒙古。成吉思汗多次率领蒙古大军进攻西夏，在1227年攻打西夏途中去世，当时西夏早已奄奄一息，末主李睍投降，不久后就被杀害了。

为了完成成吉思汗的遗愿，蒙古大军进入兴庆府，进行了大肆屠杀和破坏，原本气势恢宏的西夏王陵也毁于一旦，沦为废墟。后来这里逐渐被人们遗忘，又因为风沙侵蚀、盗墓等原因，总体损坏比较严重。

蒙古大军

西夏王陵出土文物　石马　鎏金铜牛　迦陵频伽

● 佛教中的一种神鸟，声音美妙动听，又叫"妙音鸟"。

西夏人信仰佛教，所以陵墓中有许多佛教相关的文物。

西夏一共存在了189年，历经十帝，除了末主李睍，其他九位加上李元昊的父亲、祖父，应该有11座帝陵。但目前只发现了9座，其他两座在哪里呢？这或许永远都是个谜了。

魔鬼城

风沙吹出来的奇特景观

喀什大巴扎

我国西北地区最大的国际贸易市场，"巴扎"是维吾尔语，意思是集市、农贸市场

冬不拉

哈萨克族传统弹拨乐器

哈萨克族

新疆维吾尔自治区

▷ 简称：新

🏙 省会：乌鲁木齐

欢迎来到新疆，这里有高山，有湖泊，有草原，有大漠，这里瓜果香甜、古迹遍地，你可以领略到大自然的一切美景，更能感受到特有的西域风情……

棉花

新疆是中国最大的棉花生产基地

音频更精彩

额尔齐斯河　阿勒泰

塔城　乌伦古湖

魔鬼城

克拉玛依　克拉玛依油田

博乐　艾比湖 新疆最大的咸水湖

天山雪莲

伊宁　伊犁河

昌吉　天山天池

乌鲁木齐　葡萄沟

吐鲁番　高昌故城

丝绸之路　艾丁湖 -154.31 中国陆地的最低点

博斯腾湖

火焰山

中国最热的地方，夏季地表最高温度达70℃以上

哈密

哈密瓜

雪豹

新疆天山

克孜尔石窟

阿克苏

库尔勒　孔雀河

塔里木河

阿图什　喀什噶尔河

艾提尕尔·喀什 清真寺

喀什大巴扎

叶尔羌河

和田河

玛拉河

干沙漠 车尔臣河

楼兰古城

葡萄干

玛仁糖

维吾尔族传统小吃，俗称"切糕"

塔克拉玛干沙漠

克里雅河

且末古城

梭梭树

长在沙漠边缘的一种抗旱植物

cōng

肉苁蓉

名贵药材，寄生在梭梭树根部，被称为"沙漠人参"

维吾尔族

喀拉喀什河

和田

乔戈里峰 8611米

艾提尕尔清真寺

新疆最大的清真寺，已有500多年历史

维吾尔族花帽

和田玉

维吾尔族服饰

长裙

坎肩

最高峰：乔戈里峰。

最大的淡水湖：博斯腾湖。

主要河流：塔里木河、伊犁河、额尔齐斯河等。

气候：温带干旱大陆性气候，晴天多，日照强，少雨干燥，昼夜温差大。

历史

新疆古称西域，是古代丝绸之路的重要通道。公元前138年，汉武帝派张骞出使西域，与西域各城邦建立了联系。公元前60年，西汉设立西域都护府，自此，西域正式列入汉朝版图。清乾隆后期西域改称为新疆，1884年正式建立新疆省。1955年新疆维吾尔自治区成立，首府为乌鲁木齐。

景点

天山天池

古称瑶池，是一个半月形的天然高山湖泊，有"天山明珠"美誉。

克孜尔石窟

中国开凿最早、位置最西的大型石窟群。

大盘鸡

新疆名菜，用鸡块、土豆、辣椒等烹饪而成。

阿凡提

新疆民间流传的传奇人物，聪明而幽默。

香妃

乾隆皇帝的妃子，传说身体天生带有异香。

人物

阿曼尼莎汗

16世纪杰出的维吾尔族女诗人，维吾尔古典音乐《十二木卡姆》的搜集、整理者。

手抓饭

将羊肉、胡萝卜、大米等一起蒸熟，可直接用手抓着吃。

典故

不入虎穴，焉得虎子

东汉时，班超出使西域，来到鄯（shàn）善国。国王一开始对他们礼遇，几天后忽然冷淡，原来是因为匈奴使者也来了，导致国王犹豫不决。班超对部下说："不入虎穴，焉得虎子，只能放手一搏了！"当晚他就带部下偷袭，将匈奴使者全部杀死，最终鄯善国和汉朝合盟。

诗歌

十一月四日
风雨大作二首（其二）

[宋]陆游

僵卧孤村不自哀，尚思为国戍轮台。

夜阑卧听风吹雨，铁马冰河入梦来。

轮台：在今新疆境内，是古代边防重地，这里代指边关。

油塔子

用白面和油做成的面食，外形像塔。

战役

准噶尔之战

准噶（gá）尔之战，是清朝为统一西北地区而与准噶尔部进行的多次战争，从1688年开始，历经康熙、雍正、乾隆三朝，直到1758年才结束，长达近70年。平定准噶尔后，西域天山南北尽入清朝版图，乾隆将这片土地称为"西域新疆"，后来简称为"新疆"。

馕

一种圆形的面饼，古称胡饼、炉饼。

美食

吐鲁番葡萄沟——这里的葡萄甜又多

"吐鲁番的葡萄哈密的瓜，库尔勒的香梨人人夸，叶城的石榴顶呱呱。"这首民谣道出了新疆四个有名的水果之乡，其中吐鲁番居榜首。

吐鲁番盆地种植葡萄的历史悠久，早在2000多年前的西汉时期，张骞出使西域时，发现这里种植的葡萄，并将其引入了内地。《明史·西域使》中也记载吐鲁番："有桃李枣瓜葫芦之属，而葡萄最多。"

新疆四大水果

哈密瓜

吐鲁番葡萄

叶城石榴

库尔勒香梨

吐鲁番盆地地处西北内陆，日照时间长，昼夜温差大，因此那里生长的葡萄十分香甜。其中，有一处因广植葡萄而得名的旅游胜地，那便是葡萄沟。葡萄沟在维吾尔语中叫作"布依鲁克"，意思就是又多又好的葡萄地。

葡萄沟位于吐鲁番市高昌区境内，是火焰山下的一道峡谷，南北长约8千米。每年8月，葡萄大量成熟，吐鲁番都会举行盛大的"中国丝绸之路吐鲁番葡萄节"，人们欢聚一堂，品尝葡萄，观看表演，好不热闹。

吐鲁番的水果很甜，人长得更甜！

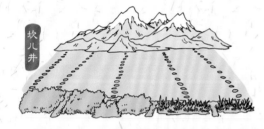

或许你会疑惑，吐鲁番气候干旱，而葡萄生长需要水源，水从哪里来呢？这就要说到吐鲁番特殊的灌溉系统——坎儿井了。吐鲁番盆地降水稀少，但高山融雪形成的地下水却很丰富，人们为了减少水的蒸发，通过修建"坎儿井"，把地下水引出地面，浇灌果树和庄稼。

葡萄沟的葡萄品种丰富，除了广泛种植的无核白葡萄，还有马奶提、红玫瑰、喀什哈尔等十多个品种。这里的无核白葡萄远近闻名，因皮薄、肉嫩、多汁、味美、营养丰富，素有"珍珠"的美称。用无核白鲜葡萄晾制的葡萄干，也被人们视为葡萄干中的珍品。

这么大的葡萄干，我还是第一次见！

这么甜的葡萄干，我保证你也是第一次吃！

在吐鲁番，晾晒葡萄干需要在独特的荫房里进行。荫房是用土块或土砖砌成的房子，墙上留有许多长方形花孔，既能保证通风，又能避免阳光直射在垂挂的葡萄上。荫房里有很多挂架，新鲜的葡萄晾在上面，经过30～40天，就会风干成葡萄干，而且翠绿如新，甘甜可口。

好看的风景，好吃的葡萄，吐鲁番葡萄沟以盛产优质葡萄而闻名中外，成为一座天然的葡萄博物馆。

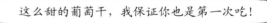

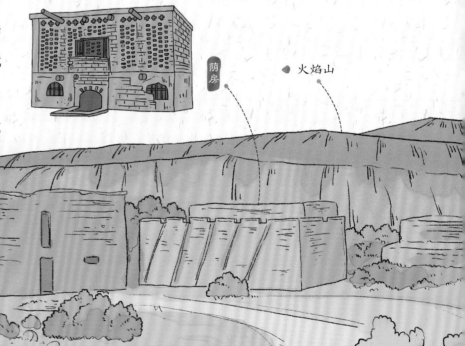

香港特别行政区

▷ 简称：港

香港是靠海的港口城市，是"东方之珠"、美食之都和购物天堂。

武侠小说
香港有许多著名的武侠小说作品，影响深远

电影拍摄
香港电影业非常发达，被称为"东方好莱坞"

深圳河

梧桐河

港式早茶
香港人有喝早茶的习惯，早茶主要由中式点心和茶水构成

船湾淡水湖

赤

门

大鹏湾

吉庆围

新

香港特别行政区区旗、区徽
由红底和白色紫荆花瓣组成

▲大帽山
957米

界

六合彩
香港唯一合法的彩票

万宜水库

香港迪士尼乐园

青马大桥

庙街
一条有名的夜市

九　龙

香港电车

大　屿　山

维多利亚港

◎ **香港**
香港岛

南

紫荆花
香港特别行政区的区花，象征着繁荣、壮观、奋进

南丫岛

海洋公园

蒲台群岛

索罟群岛

最高峰：大帽山。
最大的人工湖：船湾淡水湖。
主要河流：梧桐河、深圳河等。
气候：亚热带湿润季风气候，春温多雾，夏热多雨，秋日晴朗，冬日干冷。

音频更精彩

珠
江
口

深
圳
湾
（
后
海
湾
）

海

24

历史

香港在3万多年前的旧石器时代就有人类活动了，自秦朝起即明确成为中原领土。明万历年间，因运转东莞所产香木，始有"香港"一称。19世纪中叶，清朝对外战败，领土被先后分批"割让"和"租借"给英国，成为殖民地。1997年7月1日，中华人民共和国恢复对香港行使主权，正式设立香港特别行政区。

吉庆围

一座拥有500多年历史的古老城堡。

景点

青马大桥

世界上最长的公路和铁路双用悬索吊桥，将青衣岛和马湾岛连接起来。

人物

李小龙

著名武术家，开创了截拳道，电影功夫巨星，好莱坞第一位华人演员。

金庸

本名查良镛（yōng），著名武侠小说作者。

签订不平等条约

1842年，清朝因为在第一次鸦片战争中战败，与英国签订《南京条约》，将香港岛割让给英国。此前香港岛只是个小渔村，开埠后发展成转口港，成为欧洲各国商船向中国交易鸦片、纺纱及其他商品的枢纽。1860年、1898年清政府又与英国签订《北京条约》《展拓香港界址专条》，分别割让九龙和租借新界。

事件

孙中山创立兴中会

1894年，孙中山在檀香山创立了中国近代第一个革命团体兴中会，也就是中国国民党的前身。1895年，孙中山回国，在香港成立了兴中会总会，确立了"驱逐鞑虏，恢复中华，创立合众政府"的主张，更加明确地将斗争矛头指向了清政府。

港式甜品非常有名，比如杨枝甘露、芒果班戟、双皮奶……

看上去真好吃！

美食

杨枝甘露

经典的港式甜品，用西柚、芒果、西米等制成。

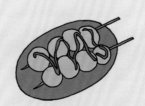

鱼蛋

用剁碎的鱼肉做成的丸子。

避风塘炒蟹

香港经典名菜之一，味道香辣可口。

碗仔翅

常见于香港街头的仿鱼翅汤羹。

维多利亚港——美丽的东方海港

　　维多利亚港港阔水深，风景优美，与美国的旧金山湾、巴西的里约热内卢港并称"世界三大天然良港"，是香港最珍贵的财富之一。

　　维多利亚港的名字来自英国女王维多利亚。这里原来的名字是尖沙咀（zuǐ）洋面或中门。18世纪时，西方列强进入中国，英国人看中这里能成为东亚地区优良港口的潜力，因此在鸦片战争后，从清政府手上夺走了香港，并以当时女王维多利亚的名字为海港命名。

　　维多利亚港成为英国发展远东海上贸易的基地，是香港建设的中心。可以说，维多利亚港主导了香港的经济和旅欧发展，对香港历史和文化产生了重要影响，是香港成为国际化大城市的关键之一。

　　维多利亚港位于香港岛和九龙半岛之间，水面宽阔，终年不冻，是不可多得的天然深水良港。位于九龙尖沙咀的海运大厦是香港两个邮轮码头之一，不少著名邮轮都曾在这里停泊，包括曾经是世界最大邮轮的伊丽莎白号。

　　维多利亚港的海岸线很长，两岸景点多不胜数。香港岛岸到处是直耸天际的高楼大厦，九龙岛岸则有香港艺术馆和香港太空馆。白天，维多利亚港映照在蓝天白云下，小船和万吨巨轮进出海港，互不干扰，到了夜晚，两岸灯火璀璨，缔造出"东方之珠"的繁华夜景。

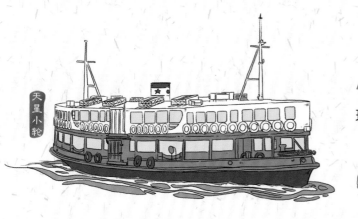
天星小轮

游维多利亚港，有多种交通工具可以选择，其中最受欢迎的是天星小轮。天星小轮与香港电车、太平山山顶缆车齐名，拥有百余年的历史，现在主要往来中环、湾仔及尖沙咀等市区旅游点。

红磡海底隧道入口

哇，这么多车！

不过，对于普通市民而言，最便捷的渡海工具是海底隧道。目前，在维多利亚港下面共有3条海底隧道，分别是香港海底隧道、东区海底隧道、西区海底隧道。香港海底隧道又名红磡（kàn）海底隧道，是全香港最繁忙的道路。

这里堵车是常态！

维多利亚港每年都会举行很多活动，其中烟花汇演绝对不可错过。在跨年、农历正月初二、香港特别行政区成立纪念日以及中华人民共和国国庆日晚，维多利亚港都会成为大型烟花汇演的舞台，吸引无数市民和游客在两岸欣赏。

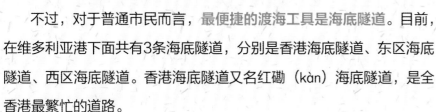
烟花汇演

无论你到过香港多少次，在畅游香港迪士尼乐园和香港海洋公园之后，都会想去维多利亚港吹吹海风，她的绝色风华吸引着世界各地的旅客纷至沓来。

澳门特别行政区

▷ 简称：澳

澳门是一个国际自由港，面积很小，但人口众多，是世界上人口密度最高的地区之一。澳门曾经是葡萄牙的殖民地，有很多具有欧洲风格的建筑和美食。

鸭涌河

澳

门

卢廉若公园

港珠澳大桥
港珠澳大桥
珠澳口岸人工岛
港珠澳大桥

水塘

半 ○ 澳门历史城区

内

港

岛 ◎ 澳门

南湾湖

外港

融合门

西湾湖

澳门观光塔

牡蛎
世界第一大养殖贝类，有两个贝壳，一大一小

澳门人力三轮车

澳门特别行政区区旗、区徽

珠

江

口

dàng

冰 仔 岛

·澳门国际机场

·赛马场

赛龙舟　澳门端午节赛龙舟

普济禅院

圣老楞佐教堂

海事博物馆

澳门大学

澳门著名文化景观

石排湾水塘

澳门马拉松赛

路 环 岛

黑沙海湾

叠石塘山
172.4米

澳门博彩业
澳门政府重要的支柱产业之一

圣若瑟修院大楼

圣安多尼教堂

白莲花
澳门的代表

我以为澳门和香港一样，都是高楼大厦，没想到这么古色古香。

这里是古城区，很多建筑都有四五百年的历史了。

最高峰：叠石塘山。
最大的人工湖：南湾湖。
主要河流：鸭涌河等。
气候：亚热带海洋性季风气候，高温多雨，炎热潮湿。

音频更精彩

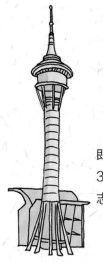

澳门观光塔

即澳门旅游塔，塔高338米，是澳门的标志性建筑。

融和门

象征中国和葡萄牙友谊的建筑。

景点

卢廉若公园

一座苏州园林风格的名园，以华人富商卢绰之之子卢廉若命名。

历史

澳门自古是我国领土的一部分，原属广东省香山县（今中山市）的一个渔村，明朝嘉靖年间被葡萄牙殖民者强行租占，自此开始使用澳门名称。鸦片战争后，葡萄牙不断扩大租占范围，于1845年宣布澳门为"殖民地自由港"，1887年完全强占。1999年12月20日，中华人民共和国恢复对澳门行使主权，正式设立澳门特别行政区。

事件

签订《中葡和好通商条约》

葡萄牙从明朝中期开始租借澳门，但从1849年开始，葡萄牙停止交租，并陆续侵占了关闸、凼仔、塔石、路环等地。1887年，葡萄牙迫使清政府签订《中葡和好通商条约》，同意葡萄牙"永驻、管理澳门"，但未经中国同意葡萄牙永不得转让澳门予他国。1908年，葡萄牙又要求扩展边界，并划定澳门的界址，澳门正式成为葡萄牙殖民地。

诗歌

过零丁洋

[宋]文天祥

辛苦遭逢起一经，干戈寥落四周星。
山河破碎风飘絮，身世浮沉雨打萍。
惶恐滩头说惶恐，零丁洋里叹零丁。
人生自古谁无死？留取丹心照汗青。

零丁洋：即现在的伶仃洋，位于珠江口外。

美食

豆捞

一种类似火锅的美食，豆捞是"都捞"的谐音。

水蟹粥

用澳门特产的梭子蟹熬制的粥。

人物

马礼逊

第一个到中国的西方基督教传教士，在澳门开办了第一个中西医合作的诊所。

葡式蛋挞

用酥油、鸡蛋、面粉等制作的澳门著名小吃。

木糠布甸

以奶油和饼干为原料冷冻制成的甜点。

猪扒包

涂上黄油的面包中间夹着一块猪排。

29

澳门历史城区——中西合璧，多元共存

澳门历史城区是以澳门旧城为中心，通过相邻的广场和街道，串联起来的22座建筑和相邻的8块前地。这些建筑风格多样，中西合璧，漫步其中，给人一种穿越历史时空的感觉。

明朝中叶，以西班牙人为主的外国商人开始来到澳门，他们在这里居住并进行贸易活动，使澳门逐渐发展成亚洲重要的国际港口。贸易活动的兴盛吸引了世界各地的人来到澳门，一个融合亚、欧、美、非的"华洋杂居"的国际城市就这样诞生了。

大三巴牌坊
虽然名为"牌坊"，但其实不是我国传统建筑的牌坊，而是圣保禄教堂的前壁。

400多年间，不同国家的人，带着不同的文化和风俗习惯，在这里盖房子、建教堂、修马路、筑炮台。你知道吗？澳门的葡萄牙语"Macau"，其实也是东西方文化"碰撞"的结果呢！据说葡萄牙人第一次登陆澳门，正好在妈阁庙附近，他们询问这里的地名，当地人回答"妈阁"，于是澳门便被命名为Macau（"妈阁"的葡萄牙语译音）。

岗顶剧院
葡萄牙人在1860年修建的剧院，是中国最早的放映厅。

澳门历史城区是**中国境内现存年代最古老、规模最大、保存最完整和最集中的东西方风格共存建筑群**，当中包括中国最古老的教堂遗址和修道院、最古老的基督教坟场、最古老的西式炮台建筑群、第一座西式剧院、第一座现代化灯塔和第一所西式大学等。

澳门历史城区见证了澳门400多年来**中西方文化互相交流、多元共存的历史**。澳门历史城区内的建筑大部分至今仍保存或保持着原有的功能。

妈阁庙

即妈祖阁，俗称妈阁庙，用来供奉海神妈祖，**有500多年历史**，是澳门现存最古老的庙宇。

原来"Macau"就是"妈阁"呀！

大炮台

中国现存最古老的西式炮台建筑群的一部分，最初为保护圣保禄教堂内的教士而兴建，用以防范海盗，后转为军事设施区。

哪吒庙

位于大三巴牌坊后右侧，供奉神话人物哪吒。

郑家大屋

中国近代思想家郑观应的故居，属岭南风格民宅，建筑融合了中西文化特色。

● 母学雪地殿教堂及东洋望灯塔
位于澳门东望洋山山顶上的小教堂和灯塔。

● 民政总署大楼
葡萄牙人在澳门实行自治及办公的议事公局大楼。

台湾省

简称：台

省会：台北

台湾省的自然环境别具特色，生长着各种各样的动物和植物；这里美食荟萃，小吃、海鲜让人欲罢不能。让我们赶快踏上宝岛，一饱口福吧！

黄尾屿

赤尾屿

东 海

钓鱼岛

彭佳屿

台湾凤蝶

台北"故宫博物院"

淡水河

桃园

新北

士林夜市

台北

台 湾 海 峡

郑成功

收复台湾的民族英雄

牛轧糖

台北101大楼

台北市地标性建筑

大甲溪

台中

日月潭

浊水溪

台 湾 湾 岛

阿里山风景区

玉山 3952米

珍珠奶茶

赛德克族

太

泰雅族

平

布农族

澎湖列岛

台湾长鬃山羊

台湾岛特有的动物

台南

凤梨（菠萝）

高雄

采槟榔

高山族

高山族是对台湾原住民的统称，包括泰雅族、布农族、赛德克族等十几个部族

绿岛（火烧岛）

琉球屿

凤梨酥

兰屿

小兰屿

洋

南 海

艳红鹿子百合花

生长在悬崖峭壁上的野百合，被誉为"东亚最美丽的百合花"

七星岩

台湾蝶兰

冻顶乌龙茶

台湾名茶

音频更精彩

最高峰：玉山。
最大的天然湖泊：日月潭。
主要河流：浊水溪、大甲溪等。
气候：亚热带湿润季风气候，气候温和宜人，长夏无冬，雨量充沛，多台风。

台湾夜市果然名不虚传，小吃多的连灿烂熊都吃不过来了！

我还要吃蚵仔煎、盐酥鸡、嗯……甜不辣！

远古时期，台湾与大陆相连，后来因为地壳运动分开，出现台湾岛。台湾的早期居民大多是从中国大陆移居的，他们也是高山族的祖先。明末，台湾被荷兰和西班牙占据，后被郑成功收复。1895年，台湾和澎湖列岛被割让给日本。1945年，抗日战争胜利，中国政府收复台湾。1949年，中国国民党退据台湾。

士林夜市

景点

台北知名夜市之一，汇集了各种美味小吃。

台北故宫博物院

中国三大故宫博物院之一，也是台湾省规模最大的博物馆。

美食

沈光文

南明文人，在台湾留下若干记录当地风土人情的资料，为台湾文献第一人。

施琅

 人物

明末清初军事家，降清将领，后率军收复了台湾。

沈葆桢

晚清大臣，率军抵抗日本侵略军，建设台湾。

蚵仔煎

用牡蛎、鸡蛋等煎制而成的小吃。

棺材板

因为外形像棺材而得名的小吃。

战役

郑成功收复台湾

1624年，荷兰殖民者侵占台湾。1661年，"国姓爷"郑成功率领2.5万大军横渡台湾海峡，经过当地民众的积极支援和多次激战后，将侵略者围困在热兰遮城（今安平古堡）内。后来又经过9个月的围困，荷兰侵略者最终签字投降，郑成功收复了沦陷38年的中国领土台湾。

卤肉饭

台湾特色小吃，各地口味略有不同。

阿里山传说

很久以前，阿里山名叫秃山，山上光秃秃的，没有花草树木。一天，有个叫阿里的青年猎人从老虎口中救了两个私自下凡的仙女，玉帝十分生气，要雷神用雷火烧死秃山一带的生灵。为了阻止雷火，阿里爬上秃山山顶，用身体引雷，最后粉身碎骨。阿里死后，秃山开始漫山遍野地长出花草树木。人们为了纪念阿里，从此把这座山改名为阿里山。

传说

刈包
yì

类似馒头夹卤肉，外面的馒头是长椭圆扁形的。

日月潭——风景秀美的台湾"天池"

"清晨，湖面上飘着薄薄的雾。天边的晨星和山上的点点灯光，隐隐约约地倒映在湖水中。中午，太阳高照，整个日月潭的美景和周围的建筑，都清晰地展现在眼前……"

小朋友，还记得这篇课文吗？它描写了"台湾八景"之一日月潭的优美风光，体现了人们对宝岛台湾和祖国山河的热爱。

日月潭位于台湾省南投县鱼池乡日月村，别称水沙连、水社里，以湖中央的拉鲁岛为界，北半湖形状如圆圆的太阳，南半湖形状如弯弯的月亮，"日月潭"因此得名。

● 日月潭中央的美丽小岛，传说是邵族祖先灵魂安居的地方。

咦，拉鲁岛的样子怎么有点奇怪？

因为拉鲁岛经历过地震，一部分沉到了水里，现在正在修复。

● 日月潭的原住少数民族

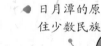

邵族

日月潭是台湾最大的天然淡水湖，以秀美风景闻名于世。"青山拥碧水，明潭抱绿珠"，日月潭环湖重峦叠翠，湖面辽阔，潭水澄澈，一年四季、清晨傍晚的风景各有不同的美。

关于日月潭，有一个美丽的传说。很久以前，日月潭里有两条恶龙，分别吃掉了太阳与月亮，天地顿时一片黑暗。为了救出日月，一对年轻的渔民夫妻——大尖和水社，从阿里山的山洞里拿到金斧头和金剪刀，与恶龙大战三天三夜，最终斩杀恶龙，令日月重现，而大尖和水社也化作两座山峰，永远守护在日月潭边。

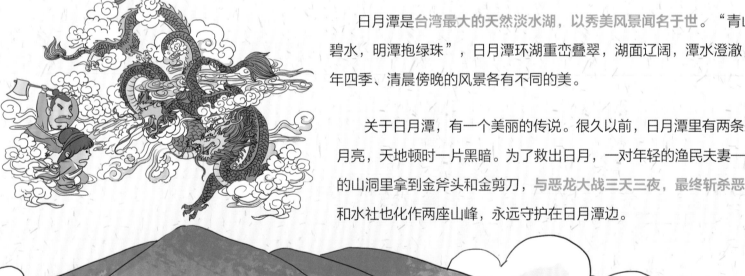

日月潭自然风光怡人，周围还点缀着许多亭台楼阁和寺庙古塔。日月潭北面的山腰上有一座文武庙，南面是青龙山，山下有著名的玄奘寺，山顶则是整个湖区的最高点——慈恩塔，登上塔顶，可以将整个日月潭美景尽收眼底。

文武庙入口

文武庙

位于日月潭北面山腰上，主祀关羽，另供奉孔子、岳飞。

玄奘寺

玄奘寺

建于1965年，里面供奉着从日本迎回的玄奘大师的顶骨舍利。

朝雾码头

朝雾码头

日月潭每年举办"万人横渡日月潭"竞泳活动，朝雾码头就是万人渡泳的起点。

慈恩塔

慈恩塔

蒋介石为了纪念母亲王太夫人而建，位于海拔954米的山上，塔高46米，塔顶正好海拔1000米。

孔雀园

一座小型动物园，位于环湖公路旁，园中有两百多只孔雀和一百多只其他珍贵禽鸟。

孔雀园

你认识哪些大山大河？

我国有许多高山大河，它们就像画笔一样，在大地上写写画画，将地形变得高低起伏，富有变化，多变的地形、气候，也孕育了多彩的景观和多样的动植物。你知道哪些河流？你认识哪些大山？一起来看看吧！

◆ 中国的山脉

山地连绵不断形成脉状，便成了山脉。山脉构成了我国地形地势的主要骨架。仔细观察地图，会发现山脉也有自己的"方向"，例如东西走向有喜马拉雅山脉、天山—阴山、昆仑山—秦岭，东北—西南走向有大兴安岭—太行山—巫山—雪峰山，西北—东南走向有阿尔泰山、祁连山，南北走向有横断山脉等。

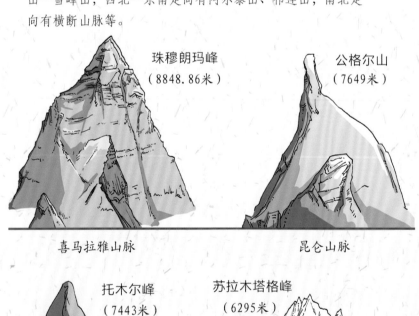

珠穆朗玛峰
（8848.86米）
喜马拉雅山脉

公格尔山
（7649米）
昆仑山脉

音频更精彩

托木尔峰
（7443米）
天山山脉

苏拉木塔格峰
（6295米）
阿尔金山

玉龙雪山
（5596米）
横断山

团结峰
（5826米）
祁连山

太白山
（3767米）
秦岭

五台山
（3061
太行

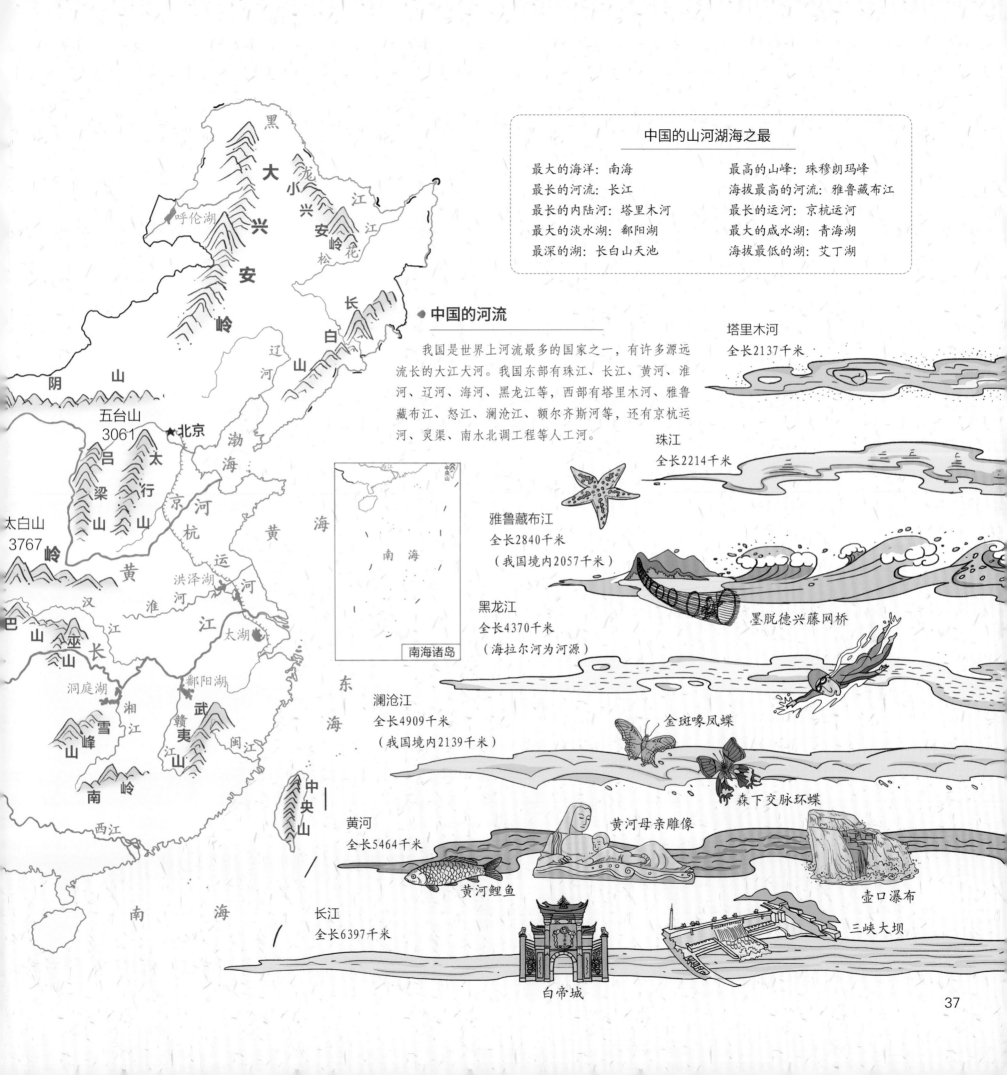

中国的山河湖海之最

最大的海洋：南海　　　　　　最高的山峰：珠穆朗玛峰
最长的河流：长江　　　　　　海拔最高的河流：雅鲁藏布江
最长的内陆河：塔里木河　　　最长的运河：京杭运河
最大的淡水湖：鄱阳湖　　　　最大的咸水湖：青海湖
最深的湖：长白山天池　　　　海拔最低的湖：艾丁湖

● 中国的河流

　　我国是世界上河流最多的国家之一，有许多源远流长的大江大河。我国东部有珠江、长江、黄河、淮河、辽河、海河、黑龙江等，西部有塔里木河、雅鲁藏布江、怒江、澜沧江、额尔齐斯河等，还有京杭运河、灵渠、南水北调工程等人工河。

塔里木河
全长2137千米

珠江
全长2214千米

雅鲁藏布江
全长2840千米
（我国境内2057千米）

墨脱德兴藤网桥

黑龙江
全长4370千米
（海拉尔河为河源）

金斑喙凤蝶

澜沧江
全长4909千米
（我国境内2139千米）

森下交脉环蝶

黄河
全长5464千米

黄河母亲雕像

黄河鲤鱼

壶口瀑布

长江
全长6397千米

三峡大坝

白帝城

北穿棉袄南裹纱，各地气温大不同

小朋友，你见过大雪吗？喜欢堆雪人、打雪仗吗？

如果你生活在北方，一定对雪不陌生。冬天北方的气温大多在零度以下，河面结冰，天空飘雪，一幅冰雪世界的景象。

可是南方却很少下雪，因为南方的气温常年在零度以上。当北方的人们穿着厚厚的羽绒服，与寒风做抗争的时候，南方的人们正在享受温暖的阳光。

同样是中国，为什么温度会有这么大的差异呢？

这是因为地球是圆形的，每个地方接收到的太阳热量不一样，以赤道为中心，越靠近北极和南极的地方，温度就越低。

中国处于地球的北半球，所以整体上越往北气温越低。

音频更精彩

在寒假的某一天，你可能会做什么？各地的小朋友又会做什么呢？

漠河
-36℃

哈尔滨
-26℃

呼和浩特
-18℃

北京
-7℃

★北京

太原
-8℃

西安
-3℃

郑州
-1℃

重庆
10℃

上海
8℃

昆明
9℃

广州
18℃

三亚
25℃

黑龙江

大兴安岭

河

太行山

秦岭

黄河

淮河

长江

南岭

三亚
25℃

广州
18℃

南海诸岛

珍稀动物在哪里？

小朋友，你喜欢动物吗？威风的老虎，温顺的大象，可爱的大熊猫，敏捷的小猴子……在广袤的大自然中，生活着无数的野生动物，它们各有特色。有的喜欢生活在草原上，有的喜欢生活在雨林里；有的是其他国家也有的，有的则是我国独有的；有的数量很多，野外就能遇到；有的数量稀少，需要人类的特殊保护。

我国是世界上拥有野生动物种类最多的国家之一，但同时也是濒危物种大国，在保护珍稀野生动物的道路上，需要我们共同的努力。你想多认识几种珍稀动物，一起保护它们吗？现在就开始吧！

音频更精彩

大家都叫我"雪山之王"，威风吧！

雪豹
原产于亚洲中部山区，在我国主要分布在天山等高海拔山地。

我身手矫健，跑得特快，咱们比赛，你肯定追不上我。

我喜欢安静的地方，不希望被打扰。

藏羚羊
青藏高原特有的物种，有"高原精灵"的美誉。

西北沙漠周围气候干旱，水源稀缺，所以生活在这里的动物必须具备耐渴的特殊本领，比如可以半个月不喝水的骆驼。

野牦牛
青藏高原特有的物种，生活在人迹罕见的高山草原地带。

黑颈鹤
青藏高原特有的物种，也是世界上唯一一种生长、繁殖在高原上的鹤类。

在"世界屋脊"青藏高原，生活着一些适应高寒条件的高原动物，例如野牦牛、藏羚羊、藏野驴等。在青藏高原东南边缘的深山里，还生活着珍贵的大熊猫和金丝猴。

看我身上的花纹，一朵一朵的，像不像天上的云彩？

中华秋沙鸭
第三纪冰川期后残存下来的物种，距今已存在一千多万年。中国特有的物种，数量极其稀少，是比扬子鳄还稀少的国际濒危动物。

云豹
一种体形较小的豹，擅长攀爬，只分布在亚洲的东南部。

在一望无际的内蒙古高原上，动物们世世代代上演着弱肉强食的追逐游戏，几乎都变成了"飞毛腿"，有些小动物还学会了挖洞躲藏的技能。

东北虎

学名"西伯利亚虎"，是现存体形最大的猫科动物之一，有"丛林之王"的美誉。目前世界上野生东北虎的数量不足500头，主要分布在亚洲东北部。

北方生活环境多样，动物的种类也很丰富，既有多种多样的森林动物，也有善于奔跑的草原动物，还有很多南来北往的候鸟。

丹顶鹤

中国的国鸟，传说中的"仙鹤"，在我国主要分布在东北地区。

我曾与恐龙共存，远在人类出现之前就存在了。

欢迎大家来自然保护区找我们玩耍！

中华鲟

现存最古老的鱼类之一，目前仅在长江流域有少量分布。

长江发源于青藏高原，自西向东横贯中国中部，流域面积十分广阔，有着多种多样的生态环境，里面生活了很多稀有动物，如娃娃鱼、扬子鳄和濒临灭绝的长江江豚等。

大熊猫

中国特有物种，在地球上存在了至少800万年，被誉为"活化石""中国国宝"，主要生活在长江上游的高山深谷地区。

金丝猴

我国的金丝猴有川金丝猴、滇金丝猴、黔金丝猴，生活的区域基本和大熊猫一样。

南海诸岛

扬子鳄

中国特有的物种，是世界上体形最小的鳄鱼之一，主要分布在长江流域。

★北京

河

黄

河

黄

江

长

41

住房的艺术——民居

小朋友，你观察过自己生活的地方吗？你的周围有什么？是一座座高耸入云的摩天大楼，还是一座座红砖白墙的院子？世界上有很多种房子，其中不乏令人惊叹的民居建筑。

我国幅员辽阔，地理环境、民族文化不同，居住的房子也各有特色。各地人们充分发挥智慧，因地制宜，建造出最适合自己居住的房子。看一看，这些房子你都认识吗？

窑洞

在我国黄土高原地区，人们利用高原有利的地形，凿洞而居，创造了窑洞建筑。窑洞有两种，一种是从土崖一侧横着挖进去，形成房间；一种是先从地面往下挖出一个四方形的空间，然后再从四面横着向里挖出房间。

碉房

碉房是藏族地区特有的建筑形式，主要用石头垒造而成，上方白色的墙上有成排的梯形窗口。碉房的外观是封闭的小四合院形式，有二层或三层，中央有个小天井。

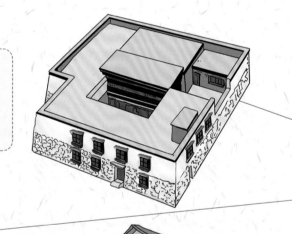

吊脚楼

在西南多山的少数民族地区，人们为了通风防潮、防避野兽侵袭，往往把住宅建成下部架空的样式，称为"干栏式"。吊脚楼就是干栏式的一种，倚山而建，分上下两层，上层住人，下层作牲畜棚和堆放杂物。

云南一颗印

一颗印是云南中部地区的一种四合院住宅，四周房屋都是两层，天井围在中央，整个外观四四方方的，像一块印章，所以俗称"一颗印"。

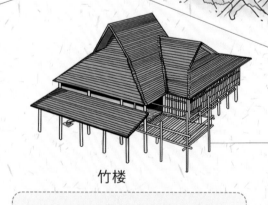

竹楼

竹楼也是一种干栏式住宅，是傣族人民利用丰富的竹子资源建造而成的。竹楼不仅能防潮、通风、防避虫兽侵袭，还有助于雨季疏散洪水。

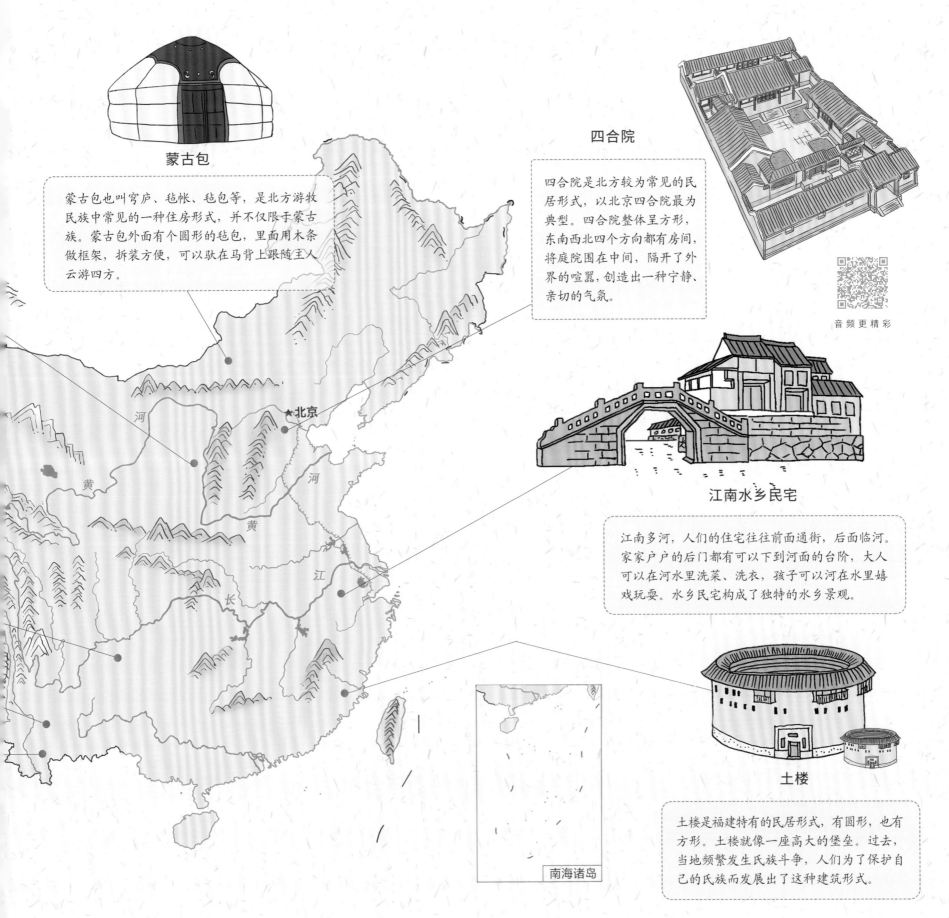

蒙古包

蒙古包也叫穹庐、毡帐、毡包等，是北方游牧民族中常见的一种住房形式，并不仅限于蒙古族。蒙古包外面有个圆形的毡包，里面用木条做框架，拆装方便，可以驮在马背上跟随主人云游四方。

四合院

四合院是北方较为常见的民居形式，以北京四合院最为典型。四合院整体呈方形，东南西北四个方向都有房间，将庭院围在中间，隔开了外界的喧嚣，创造出一种宁静、亲切的气氛。

音频更精彩

江南水乡民宅

江南多河，人们的住宅往往前面通街，后面临河。家家户户的后门都有可以下到河面的台阶，大人可以在河水里洗菜、洗衣，孩子可以河在水里嬉戏玩耍。水乡民宅构成了独特的水乡景观。

土楼

土楼是福建特有的民居形式，有圆形，也有方形。土楼就像一座高大的堡垒。过去，当地频繁发生氏族斗争，人们为了保护自己的民族而发展出了这种建筑形式。

南海诸岛

43

你坐过这些交通工具吗？

小朋友，你平时乘坐什么交通工具去上学，自行车、私家车，还是公交、地铁？这些都是我们常用的交通工具。如果要出远门，则可以选择火车、飞机或轮船。

不过，这些就是全部交通工具了吗？我国领域辽阔，地貌多样，不同的地方有不同的交通工具。比如大草原上的勒勒车，大沙漠里的骆驼，黄河里的羊皮筏子，江南水乡的乌篷船……你坐过这些交通工具吗？

音频更精彩

骆驼
骆驼是沙漠中重要的交通工具，它们忍饥耐渴，可以两周不饮水，一个月不进食，能走几百千米的路程。

牦牛
牦牛生长在青藏高原，最适应高原上严寒缺氧的环境，驮着上百斤的货物，一天走20千米的路也不用休息，是当地重要的交通工具。

独具特色的重庆交通

重庆轻轨
重庆是一座山城，道路蜿蜒崎岖，所以使得重庆市的交通工具多样化，例如重庆轻轨可以穿楼而过。

长江索道
长江索道位于重庆，是我国自行设计制造的长江上的第二条大型跨江客运索道，也是俯瞰长江景色的最佳交通工具。

皇冠大扶梯
皇冠大扶梯是重庆的一个路口大楼梯，全长112米，是亚洲第二长的一级提升坡地大扶梯。

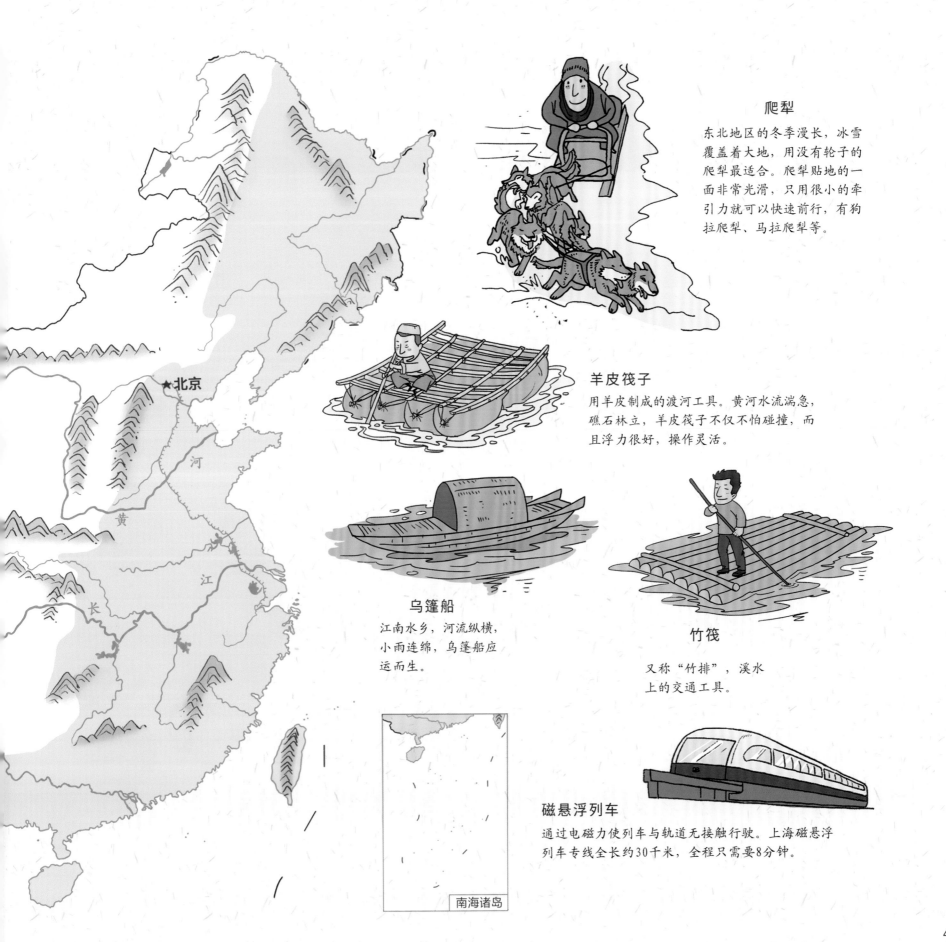

爬犁

东北地区的冬季漫长，冰雪覆盖着大地，用没有轮子的爬犁最适合。爬犁贴地的一面非常光滑，只用很小的牵引力就可以快速前行，有狗拉爬犁、马拉爬犁等。

羊皮筏子

用羊皮制成的渡河工具。黄河水流湍急，礁石林立，羊皮筏子不仅不怕碰撞，而且浮力很好，操作灵活。

★北京

河

黄

江

长

乌篷船

江南水乡，河流纵横，小雨连绵，乌篷船应运而生。

竹筏

又称"竹排"，溪水上的交通工具。

磁悬浮列车

通过电磁力使列车与轨道无接触行驶。上海磁悬浮列车专线全长约30千米，全程只需要8分钟。

南海诸岛

五十六个民族，五十六朵花

"五十六个民族，五十六朵花，五十六个兄弟姐妹是一家"，中国历史悠久，从古代起，我们各民族就在中华大地上繁衍生息，最后形成了56个民族。56个民族是相亲相爱的一家人。你知道56个民族指的是哪些民族吗？他们都住在哪里呢？

56个民族中，汉族的人口最多，占全国人口总数的91.59%，其他55个民族占8.41%。壮族是少数民族中人口最多的，基诺族是我国最后确定的少数民族，而高山族则是台湾省境内少数民族的统称，包括十几个族群。

朝鲜族的长鼓舞

傣族的泼水节

鄂伦春族的猎人

黎族的打柴舞

音频更精彩

汉族　蒙古族　回族　藏族　维吾尔族　苗族　彝族

壮族　布依族　朝鲜族　满族　侗族　瑶族　白族

土家族　哈尼族　哈萨克族　傣族　黎族　傈僳族　佤族

46

畲族　高山族　拉祜族　水族　东乡族　纳西族　景颇族

柯尔克孜族　土族　达斡尔族　仫佬族　羌族　布朗族　撒拉族

毛南族　仡佬族　锡伯族　阿昌族　普米族　塔吉克族　怒族

乌孜别克族　俄罗斯族　鄂温克族　德昂族　保安族　裕固族　京族

塔塔尔族　独龙族　鄂伦春族　赫哲族　门巴族　珞巴族　基诺族

文化的传承——什么是非物质文化遗产？

　　我国五千年文明，源远流长，直到现在我们仍然可以看到书法、戏剧，举办传统节日庆典，这都是56个民族千百年来传承下来的文化宝库，我们称它们为"非物质文化遗产"。

　　非物质文化遗产包括文学、语言、音乐、舞蹈、游戏、礼仪、手工艺、建筑艺术等，它们的传承大多依靠口耳相传，缺少记录，一旦消失了，就无法再生。所以，要想看到民间的精彩技艺，一定要保护好我们文化的宝藏。

　　我国的非物质文化遗产非常多，截至2020年12月，中国列入联合国教科文组织非物质文化遗产名录（名册）项目共计42项，总数位居世界第一。

世界级非物质文化遗产（部分）

蒙古族呼麦歌唱艺术

呼麦是蒙古族创造的一种喉音唱法，历史悠久，保留了很多原始歌唱的元素。声乐家这样形容它："高如登苍穹之巅，低如下瀚海之底，宽如于大地之边。"

京剧

对于京剧，大家一定不陌生，它不仅是国粹，并且已成为中国传统文化的代表，是传播中国文化的媒介。

中国传统蚕桑丝织技艺

丝绸是中国文化的标志之一，是用蚕丝织就的纺织品。栽桑、养蚕、缫丝、织绸等技艺是历史留下来的宝贵财富。

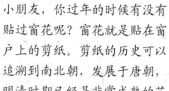

中国剪纸

小朋友，你过年的时候有没有贴过窗花呢？窗花就是贴在窗户上的剪纸。剪纸的历史可以追溯到南北朝，发展于唐朝，明清时期已经是非常成熟的艺术了。

音频更精彩

端午节

端午节不仅是我国的传统节日，也是非物质文化遗产，因为它是我国传统文化的代表之一，蕴藏着中华民族的深厚感情。

中国皮影戏

又叫"影子戏"，用人物剪影配合当地特色音乐来表演故事，是我国民间娱乐活动之一。

中医针灸

针灸包括针法和灸法。针法是把针刺入患者穴位以达到治病目的。灸法是用燃烧着的艾绒按穴位刺激皮肤。针灸可以追溯到战国时期，至今已有两千多年历史。

古琴艺术

古琴又叫"七弦琴"，是中国最古老的弹弦乐器之一。古琴艺术有独奏古琴、琴箫合奏等。

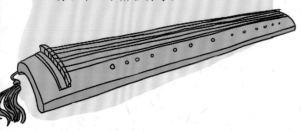

热贡艺术

热贡艺术包括绘画、堆绣、雕塑、建筑、图案等艺术形式，它们精美绝伦，色彩绚丽，并且不易褪色，是民族文化的瑰宝。

昆曲

又叫"昆山腔"，是我国现存最古老的剧种之一，唱腔华丽婉转，舞蹈飘逸优美。

中国雕版印刷技艺

我国古人受到印章启发而发明的一种印刷术，凝结了造纸、制墨、雕刻、摹拓等传统工艺，开辟了印刷术的先河，是当代印刷技术的源头。

◆ 急需保护的非物质文化遗产（部分）

中国活字印刷术

北宋时期的毕昇发明了活字印刷术，相比于雕版印刷术，活字印刷术可以按照稿件将单个字模挑选出来，排列在字盘里印刷，非常方便。

赫哲族伊玛堪

东北地区的赫哲族，在长期的渔猎过程中，创造的一种没有乐器伴奏、徒口叙述的说唱艺术，对研究赫哲族的历史具有重大意义。

黎族传统纺染织绣技艺

黎族的纺织技艺，包括纺、染、织、绣四大工序，已经延续了几千年。现在学习这种技艺的人越来越少，如果再不加以保护，也许将来就看不到这么精湛的织绣技艺了。

中国木拱桥传统营造技艺

木拱桥是我国传统木结构桥梁，历史悠久，然而我国现存的木拱桥不足100座，木拱桥营造技艺正在逐渐失传。

文化的宝藏——你去过哪些博物馆？

小朋友，你喜欢去博物馆吗？博物馆是征集、典藏、陈列和研究代表自然和人类文化遗产的实物的场所，对馆藏物品分类管理，并通过开设展览等方式，让我们可以看到这些物品。博物馆不仅指美术馆和历史博物馆，还包括自然博物馆、军事博物馆、科学博物馆、纪念馆等多种类型。

你去过哪些博物馆，见过哪些印象深刻的藏品呢？和我们一起分享吧！

妇好鸮尊

晋侯鸟尊

新疆维吾尔自治区博物馆

"五星出东方利中国"织金护膊

琉璃碗

铜奔马

三彩釉陶骆驼载乐俑

秦陵一号铜车马

青海省博物馆

舞蹈纹彩陶盆

双体陶罐

金面铜人头像

西藏博物馆

三星堆博物

自贡
博物

战国牛虎铜案

天府峨眉龙

云南省
博物馆

曾侯乙编钟

羽纹铜凤灯

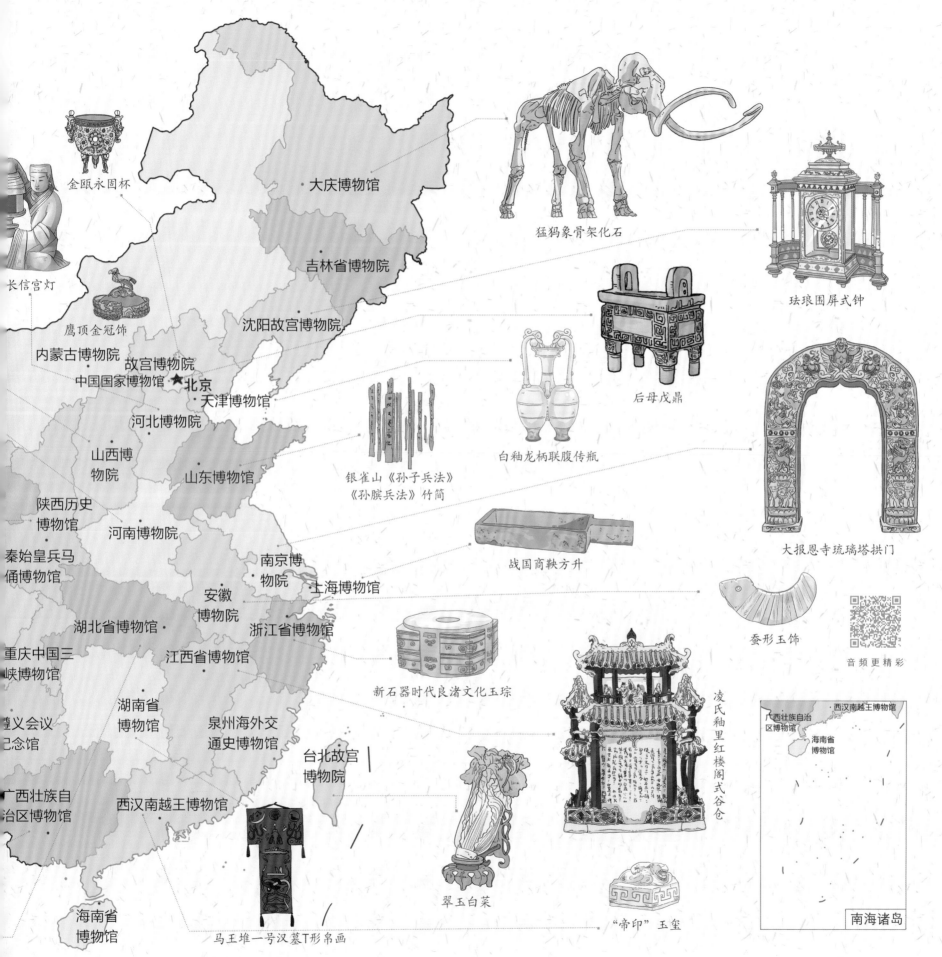

金瓯永固杯

长信宫灯

鹰顶金冠饰

猛犸象骨架化石

珐琅围屏式钟

后母戊鼎

白釉龙柄联腹传瓶

银雀山《孙子兵法》《孙膑兵法》竹简

战国商鞅方升

大报恩寺琉璃塔拱门

蚕形玉饰

音频更精彩

新石器时代良渚文化玉琮

凌氏釉里红楼阁式谷仓

翠玉白菜

"帝印"玉玺

马王堆一号汉墓T形帛画

大庆博物馆

吉林省博物院

沈阳故宫博物院

内蒙古博物院

故宫博物院
中国国家博物馆
★北京

天津博物馆

河北博物院

山西博物院

山东博物馆

陕西历史博物馆

河南博物院

秦始皇兵马俑博物馆

南京博物院

上海博物馆

安徽博物院

重庆中国三峡博物馆

浙江省博物馆

江西省博物馆

湖南省博物馆

泉州海外交通史博物馆

遵义会议纪念馆

台北故宫博物院

广西壮族自治区博物馆

西汉南越王博物馆

海南省博物馆

广西壮族自治区博物馆

西汉南越王博物馆

海南省博物馆

南海诸岛

51